经典新闻学译丛 · 丛书主编 王 海

中国新闻舆论史
（1968年版）

A History of the Press and Public Opinion in China

林语堂 著 王 海 译

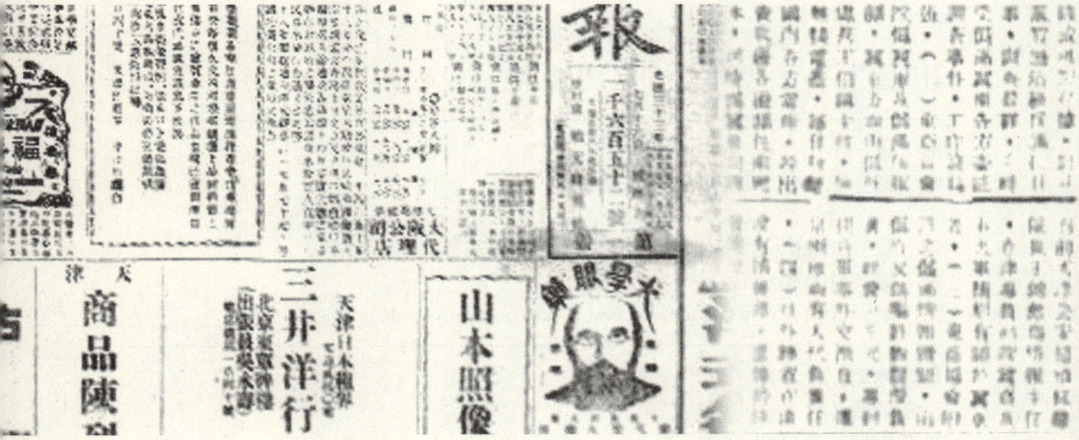

暨南大學出版社
JINAN UNIVERSITY PRESS

中国·广州

图书在版编目（CIP）数据

中国新闻舆论史（1968 年版）/ 林语堂著；王海译. —广州：暨南大学出版社，2011. 8
（新闻学经典译丛）
ISBN 978－7－81135－632－8

Ⅰ. ①中…　Ⅱ. ①林…②王…　Ⅲ. ①新闻事业史—中国
Ⅳ. ①G219. 29

中国版本图书馆 CIP 数据核字（2010）第 208492 号

出版发行：暨南大学出版社

地　址：中国广州暨南大学
电　话：总编室（8620）85221601
营销部（8620）85225284　85228291　85228292（邮购）
传　真：（8620）85221583（办公室）　85223774（营销部）
邮　编：510630
网　址：http：//www. jnupress. com　http：//press. jnu. edu. cn

策划编辑：杜小陆
责任编辑：杜小陆　武晓燕
责任校对：苏倩欣

排　版：弓设计
印　刷：湛江日报社印刷厂

开　本：787mm × 960mm　1/16
印　张：12. 75
字　数：200 千
版　次：2011 年 8 月第 1 版
印　次：2011 年 8 月第 1 次

定　价：28. 00 元

总　序

20世纪二三十年代是我国报业发展的一个黄金时期。中国报坛流派纷呈、群星璀璨，职业报人、政治宣传家报人和鸳鸯蝴蝶派小说家报人的办报活动推动了中国报业的现代化和中西文化交流。1935年，卡尔·克劳公司（Carl Crow, Inc.）出版的《中国报刊目录》（*Newspaper Directory of China*）收录了近700种中外文报刊。

同期的新闻学研究也十分繁荣，诞生了至今人们依然耳熟能详的新闻学经典著述。如张静庐《中国的新闻纸》(1928)，张九如、周翥青《新闻编辑法》，蒋国珍《中国新闻发达史》，周孝庵《最新实验新闻学》，新史氏《新闻记者的故事》，徐宝璜《新闻学》(1918)、《新闻学大意》、《新闻学纲要》(1930)，徐宝璜、胡愈之《新闻事业》，黄天鹏《现代新闻学》、《新闻文学概论》(1930)、《新闻学讲座》、《天庐谈报》、《中国新闻事业》、《新闻学刊全集》(1928)、《新闻学名论集》(1930)、《新闻学演讲集》、《新闻学论文集》(1930)、《报学丛刊》，任白涛《应用新闻学》(1922)，戈公振《新闻学撮要·言论自由》、《中国报学史》，李公凡《基础新闻学》(1931)，邵振青《新闻学总论》(1919)，王解生《新闻纸改造》(1923)，王文萱《新闻之话》、《新闻概论》，吴定九《新闻事业经营法》等。

需要说明的是，在中国20世纪二三十年代的新闻学经典著述中，中外学者和报人撰写的几部新闻学英文著作似乎被人们遗忘了。如汪英宾著《中国本土报纸的兴起》（*The Rise of the Native Press in*

China，哥伦比亚大学出版社 1924 年版），赵敏恒著《外人在华新闻事业》（*The Foreign Press in China*，上海商务印书馆 1931 年版），白瑞华（Roswell S. Britton）著《中国报纸（1800—1912）》（*The Chinese Periodical Press*，*1800—1912*，上海别发洋行 1933 年版，台北成文出版社 1966 年再版），林语堂著《中国新闻舆论史》（*A History of the Press & Public Opinion in China*，1936 年美国芝加哥大学出版社出版，同年上海别发洋行出版，1968 年纽约 Greenwood 出版社再版）。在国际传播和中国新闻事业迅速发展的今天，我们有充分的理由将这些新闻学经典文献翻译为中文。

这套冠以“新闻学经典译丛”的丛书首批推出三本译著：白瑞华《中国报纸（1800—1912）》、林语堂《中国新闻舆论史》、赵敏恒《外人在华新闻事业》。

白瑞华《中国报纸（1800—1912）》（*The Chinese Periodical Press*，1800—1912）与戈公振《中国报学史》（上海商务印书馆 1927 年版）、林语堂《中国新闻舆论史》（*A History of the Press & Public Opinion in China*）三本新闻学著作的出版时期接近，同时代的三位作者相互借鉴观点，对中国近代报刊和新闻事业各自展开论述。国内外学者对于戈公振《中国报学史》和林语堂《中国新闻舆论史》（英文版）的熟悉程度要高于白瑞华的《中国报纸（1800—1912）》（英文版）。戈氏《中国报学史》堪称中国新闻史的奠基之作。中国近代报刊史的权威性著作《中国报纸（1800—1912）》[①] 集中体现了白瑞华对中国新闻事业的认识及其新闻思想，是关于近现代新闻事业开始而本土报纸消亡时期中国报业的概览。虽然白瑞华在前言中提到“本书只是关于中国报业的描述，并非专业论著”（Roswell S. Britton. *The Chinese Periodical Press*，*1800—1912*. Ch'eng-wen Publishing

---

① ［新加坡］卓南生：《中国近代报业发展史（1815—1874）》，中国社会科学出版社，2002 年，第 249 页。

Company, Taipei, 1966: preface), 但书中的数据基本都是原始的一手材料。白瑞华还充分利用《中国报学史》的相关知识和早期报刊研究的资料，考证并扩展了戈公振的相关研究，尤其是关于传教士的报刊活动，提出了独特的见解（Lin Yutang. *A History of the Press & Public Opinion in China*. Kelly and Walsh, Limited, 1933: 79)。

林语堂《中国新闻舆论史》(英文版) 曾经“对美国的汉学研究发生过影响”,“在50年代前后还是美国大学中关于中国近代史的指定参考书之一”①。在撰写《中国新闻舆论史》的过程中，林语堂充分利用“(戈公振和白瑞华) 两位德高望重的先驱的研究成果”②。不过，林语堂更加信奉戈公振及其著作的史学资料，“所用史料大多为戈公振《中国报学史》等前人之作和刊载于当时报刊上的现成材料。戈氏错了的，林著照错不误，还起而为戈氏的错误辩护”③。“他之信任戈公振，已经到了盲从的程度了”④。

赵敏恒是活跃在20世纪20年代至40年代国际新闻界的名记者。在《外人在华新闻事业》(*The Foreign Press in China*) 中，赵敏恒论述了西方各国在华新闻业的发展，旨在说明报刊文化和通讯社对于当时中国社会的重要性，以及中国独立发展报刊、通讯社和新闻业，同时抵制西方各国报刊和通讯社渗透中国的必要性和紧迫性。

从某种意义上讲，“新闻学经典译丛”是研究中国报刊文化的起源和发展必不可少的却又被忽略的重要史料，填补了中国报刊文化(史料) 研究的空白。丛书的出版是新闻学界可喜可贺的事情，我们向为丛书出版付出劳动的译者、编辑表示衷心的感谢。当然，由于

---

① 余英时:《试论林语堂的海外著述》,《中国知识分子论》, 河南人民出版社，1997年，第210页。

② 林语堂:《中国新闻舆论史》, 中国人民大学出版社，2007年，第68页。

③ 林语堂:《中国新闻舆论史》, 世纪出版集团、上海人民出版社，2008年，序言第4页。

④ [新加坡] 卓南生:《中国近代报业发展史 (1815—1874)》, 中国社会科学出版社，2002年，第251页。

丛书涉及大量的历史资料和报刊知识，其中包括至今仍然没有定论的问题，所以丛书自然会存在不足之处，包括有待提高的翻译的细节。谨希望这些年富力强、学养深厚的译者们在以后的中国报刊文化研究和译事中做得更好。

刘家林

2010年12月于广州暨南大学羊城苑

目 录

第一章　引　言

像古代其他国家一样，古代中国饱受报纸缺失之苦，当时中国的民众无报可读。直到19世纪中期，中国才出现了现代意义上的大众报纸，而且只是在最近几十年，中国报业才成为重要的独立商业组织。现代中国报业仍处于发展的初期阶段。在技术层面上，从新闻收集、发布和编辑艺术的角度来看，中国报纸还远远落后于西方。报刊被视为舆论工具的同时正在走向腐化，至少现在看来如此，而某些独裁政权的西方国家的现代报纸在这方面可能引领着潮流。

这似乎是过于严肃的判断，但一般情况下，报刊新闻对我们而言是无意义的或者关系不大的，除非我们遵循新闻自由的理念，并按照这个标准来评估报纸的业绩，进而通过以下路径把新闻自由构筑为民主的真实基础。首先，我们要用科学而公正的方法来取舍、编辑和发布新闻，从而为公众提供准确的信息；其次，我们为舆论表达提供自由而无约束的环境。报刊的印刷和发行技能则成为次要的问题，因为我们自身关注更加宏观的问题——新闻在多大程度上承担着发布公共信息和舆论的角色，因而它又能在多大程度上影响社会和政治事件的进程。何种因素促使报业来贩卖、兜售数以千万计的官方的扭曲信息和宣传资料，使成千上万的国民每天在阅读和接受这些信息的过程中客观上得到大众化的教育，而这百万的受伤害群体却没有一人能借此发出自己的声音。尽管报刊的发行量很大，但这对新闻自由却是一种嘲讽，文明进步所带来的裨益只有动物王国可以享用，而人类还远未触及，除非人们受到伤害的时候有申诉和抗议的自由。

这里，我个人的观点可能带有局限性：笔录者往往并非是对事实材料感兴趣的人，除非他们把目光瞄向舆论力量及其如何展现中国民主的根基问题。这其中又包含着一个原始的准则：一个好政府总是倾听民众的声音，使国家逐步发展壮大，有时甚至达到兴盛之治；更何况有时国家还因为当政独裁统治者的腐败而遭受严重的摧残。在这些史料的表象背后，我只是有幸认识到它们对于中国民主发展的深层意义。在公元前12世纪中国最早的某些历史文献中已陈述过“天听自我民听”[①]这样的经典准则，而后来被普遍接受的一个准则模式是，“在一个好政府统治下的社会中，言论渠道是自由而畅通的”[②]。本人有兴趣观察这条准则在实际政治生活中是如何运用的，它是如何伴随着人类血肉生死的代价而得以争取和捍卫的，以及它是如何受到中国历史上所谓“铁腕”执政者的一贯压制的。换言之，从笔者的考察来看，中国新闻史就是民间舆论和中国当权者之间的斗争史。

毫无例外，无论在哪个国家或历史时期，舆论和当权者之间都不可避免地存在一场争斗或者冲突。从理论上来讲，人们并非总能认识到这一点。对这个事实的认知必定形成任何现实、明智的政治哲学的通用原则，即统治者和被统治者之间总是存在着一种潜在的对立。对于政府而言，无论它是民主制、君主立宪制还是君主独裁制的政体形式，统治者和民众之间总是存在一种拔河式的博弈和较量：假如政府赢了，民众肯定输了，反之亦然。如果不是这样的话，那么，民主以及限制自由和约束当权官员们的各种手段和谋略就根本没有存在的理由了。君主独裁制只不过是一种政权组织形式，在

---

① 《尚书·泰誓（中）》：“天视自我民视，天听自我民听。”

② 在明朝早期，没有官职的普通学者被朝廷相关部门收录，朝廷鼓励他们向皇上呈送改革奏章和建议。

这种体制下，政府允许自己在绳子的一端拉动，而禁止民众在另一端拉动，但潜在的敌对态度无论如何总是存在的。所以，在统治者和被统治者之间的这场拔河赛中，可以说公众批判存在于任何形式的政府中。

像所有西方国家的政府一样，中国政府总是认为，政府能够独立应对这种公众批判的情势，而且能够抵制来自外部环境的批评；同时，中国民众像世界上其他国家的民众一样坚持认为，当权的政府可能是他们遇到的最腐败的政府。政府总是声明，它在为民众考虑，而极不情愿倾听民众对政府的意见。政府的真正意图就是，民众应该停止共同的思考，像顺从的聋哑的不会思考的羊群那样，按照政府的意愿被驱赶到牧场或者屠宰场。孔子曾持这种观点，“民可使由之，不可使知之”[①]。自从倡导民主革命运动以来，革命者一直试图把这种中世纪遗留下来的、独裁的原则转变为一种民主式的格言，而且努力使孔子成为一位民主的先哲。由于标点符号的妙用和汉语语法关于主动语态和被动语态的模糊使用，孔子的话可以诠释如下：“允许民众行事，但不可使民众明白。”然而，这种解释偏离了孔子的观点，他像其他所有的统治者一样，认为在实施任何政府措施时，让民众了解得越少越好。一种推理可以证明这个观点：如果马能够与骑师交谈，那么比赛根本就无法进行了。赛马游戏必须靠鞭笞才能取得胜利，至少骑师们和全世界的墨索里尼和希特勒分子是这样认为的。民主政府、议会或新闻媒体中持这种观点的任何人都会说，马应该与其主人交谈，并不时地对骑师们的动机和才智提出质疑。这就是一个遵循新闻自由的媒体总是置政府于尴尬境地的原因。

但中国的“马”坚持与“主人”对话，甚至在独裁政府统治时

① 语出《论语·泰伯》。——译注

期也从未停止过。我们将在以下的章节中看到，在中国这个民众应该能够阅读和书写的国度中，尽管受到限制和约束，民众还是在允许的范围内最大限度地发挥着批评政府的作用。有时候，这种批评甚至成为政府所畏惧的一股力量。由于缺乏宪政的保护，这样的批判运动不可避免地因遭到政府的镇压而失败。当国家处于残暴统治之下和官场腐败猖獗之时，或者国家遭遇外敌入侵威胁的时候，或者当朝廷落到少数弄臣或宦官手中的时候，这种运动就会发展成为重要的势力。在这样的关键时刻，民众的声音就要爆发，为此他们不顾个人的安危。当一个人处于饥饿状态时，他会有果断而明晰的观点，由个体组成的国家也是如此。这种对国家事务进行无畏批判的运动，构筑了儒家学者的光辉篇章，彻底否定了中国人与生俱来的对公共事务冷漠的态度。从另一方面来讲，学士们对宦官统治的反抗似乎是基于蔑视和义愤——他们蔑视宦官，因为宦官是文盲和身体不完整的被阉割之人，他们只是凭借迎合后妃的嗜好和统治者放荡不羁的生活来获取权势；对宦官的义愤更是由于这些被阉割的人盗取了朝廷的权力，而按照中国的传统，这些权力本应该属于学士们。更加直白地讲，学士们反对宦官是基于其性别和阶层偏见。在诸如蔑视和义愤这样的人类情感和迫在眉睫的国家安危的压力之下，学士们总是发出他们的心声。因此，我们观察到一个奇怪的现象：在中国舆论和朝廷之间的争斗中，学士们总是极力反对宦官，而宦官们却总是取得胜利。从人类历史有记载时起，宦官和“宦官的继承者”① 就一直充当着最佳新闻审查者的角色（参见第七章）。

中国历史上第一种官方报纸的出现至少可以追溯到汉朝，即公元前2世纪，并且自唐朝以来得到了不同程度的持续发展。在公元8世纪唐明皇统治时期，官方报纸早已为人们所了解，从那时起到清

---

① 宦官常收养或过继别人的子女。——译注

朝，官方报纸主要在官僚阶层发行。但这种官方报纸主要发布官宦任命、提升或者解职的消息，还不算一种重要的信息传播媒体，肯定还不属于舆论喉舌。我们有必要回顾这种官方报纸的原始面貌。

然而，在古代中国，公众批判远比报刊重要得多。因为两者并非同生相长，仅仅通过调查古代报纸来研究中国古代舆论显然不妥。在中国，民众的识字率非常有限，普通人很少思考当下的政治；直到政治开始影响他们的正常生活的时候，他们才干预政治。因此，公众批评力度的强弱与民众识字率的高低是成比例的。但是，在受到良好教育的公民阶层中总是流行一种舆论，这种舆论在国家处于危机时往往可以突变为常规的民众运动，成为有组织的和能够表达思想的，并进而演变为支配舆论的有生力量。当这样的公众批评具备了自身的优势时，它就不仅仅局限于政治范畴，而是沿用类似社论主编的方法倾其全部力量直捣时事话题。有时候，这种批评往往会卷入关涉社会公正的案例中，正如法国知识界人士牵连到德雷福斯事件[①]一样。

当政府腐败透顶或者国家被外国侵扰的时候，我们尤其可以认识到这一点。最值得称奇的是，在中国面临外敌入侵的三个历史时期，就出现了这样有组织的舆论活动并以各种缘由发展成为声势浩大的运动。例如，汉朝后期的“清议”运动和学生运动，南宋（汉人的王朝在被蒙古人灭亡之前，处于扬子江北金王朝统治的阴影之下）以及在清朝入侵之前明朝末年朝廷腐朽统治期间的运动（明朝末年的学士们联合起来对宦官集团进行无畏批判，因为宦官致使国家落入无序和道德败坏的境地）。舆论力量似乎总是在国家生死存亡

---

① 德雷福斯事件是法国近代史上的大事之一。1894 年，犹太裔法国炮兵军官阿尔弗列·德雷福斯（Alfred Dreyfus，1859—1935）被诬陷通敌而入狱，事后证明此案纯属误判，但军事法庭却因德雷福斯的犹太人身份拒绝改判。经过十余年的反复斗争，德雷福斯终于在 1906 年洗清冤屈。——译注

的关头起到支配的作用，假如舆论被正确的领导者所引导或者被国家的安危所激励，它的确能够发挥巨大作用，达到以弱敌强的效果。

我之所以对这样的研究感兴趣，是因为它预示着中国未来出现敢言和诚实的报纸的可能性，特别是在西方民主的影响之下。如果西方民主没有遭遇法西斯思潮愚弄的话，这或许就是近十年的事情了。我上述提到的学生运动正是现代报纸在西方遇到的相同问题，它们表现了某些中国评论家和政论家诚实和刚毅的勇气或者他们对他人的痛恨和谩骂；在现代法西斯国家中，政府也运用同样的策略，要么通过恐吓或谋杀，要么借助贿赂或官员晋升的绥靖手段来打击他们；最后，这些运动和中国当代新闻业的状况一样，表明了对人民的公民权利给予宪政保护的重要性。因此，我没有机械地区分有形的新闻报纸和其他舆论表达的途径，因为它们都处于合法的新闻范畴，即它们都向公众传达信息，而且引导舆论的发展态势。

于是，接下来的问题是：古代中国的舆论是如何表达的？作者和学士们是以何种形式和在怎样的条件下进行公众批判的？他们所面临的危险和成功之处是什么？他们是如何遭遇惊吓、嫉恨、利用、收买、勾结、操纵、哄骗、恐吓、惩罚和谋杀的？他们又是怎样抵制这些势力的？最后，舆论是如何遭到压制的？而有些时候，人们又是如何堂而皇之地出卖自己的国家而没有遭到公众抗议的？

诸如此类的公众批判通常采用古代中国所允许的下列形式之一来进行。就普通人而言，当出现像苛捐杂税或者冤假错案使人致死等恶劣的不公正案件时，他们所采用的方法有“罢市”、“击鼓”和“拦轿”等。罢市是最有效的，往往会引起朝廷的调查，从而使地方官员被解职或受到惩罚。在学士或读书人阶层，公众批判可能是官方的也可能是非官方的。朝廷御史代表着一种奇特的新闻审查制度，更确切地说，是中国政治理论的独特而奇异之处。当时的很多御史都成为执政者的心腹或发言人，即欧洲或者美国的御用新闻记者在东方的对等物；而这里我进行观察研究的兴趣是，中国历史上有多少正直的朝廷御史能够勇敢地面对个人的解职、死亡或者由于与官方为敌而不顾及无论如何都属于他们的宪政保护利益（参见第七章）。奇怪的是，中国政治理论承认有必要设置批评政府甚至皇帝本人的御史或言官，但对这些监察御史则没有提供个人豁免措施。当然，道德和舆论总是支持直言不讳的御史，这就使得爱面子的帝王不敢轻易地惩罚或侮辱他们，但假如一个统治者想侮辱或者杀死一位令他不快的御史，他往往就会无所顾忌地那样做。朝廷御史一直面临两难的选择：要么忠诚于国家，当着皇帝的面讲出他们对皇帝的意见，因此而危及自身；要么缄口不言，保住自己的职位，因而完全承认自己的无用及其职位的虚设。当然，朝廷御史也能够蜕变为权势的最高贩卖者和私人报复的中介，或者像现代新闻业一样成为个人攻击的工具，这是一种既可以为好人服务也可以为坏人服务的工具。

除了朝廷御史和官方批评之外，学士们中间还存在一种非官方的评论家，就他们真实地代表民众的声音而言，非官方的评论家近似地等同于今天新闻界的公众批评。这种非官方的批评有时采用在大街上散发传单和标语的方式进行。在国家和民族危难之际，当非官方的批评演变为一场运动的时候，没有官职或者有官职而不是官方御史的学士们，经常承担起向帝王呈递备忘录的使命，有时多达几百人联名上书。在以后的章节中，读者将会看到他们中有些人是如何运用在宫殿上“击鼓”的方法来抗议，或者自发结队在宫殿前示威，而更常见的情形是，他们成为涉及数百人的真正的群众运动领导者。其中有些运动的抗议目标直接针对某些特定人物，比如明朝末年的阮大铖案，当时数百名学士通过传单和标语①把这位宦官的

① 《留都防乱公揭》。

心腹赶出了南京，并迫使他流亡郊外。这样的运动绝不是偶然的或无关紧要的，在下面的章节中读者将会看到这一点。在汉朝后期、宋朝和明朝，学士和太学生有时集结起多达三万人，通过对朝廷或者皇室成员行为的无畏攻击，持续不断地卷入时代的政治运动中，而实际上，他们的行为直接导致很多朝廷内阁的重组。从这个意义上讲，他们是第四等级①。

总而言之，或许可以这样说，文化阶层推动着一股源源不断的公众批评的浪潮，而这个事实很少被中国新闻和舆论史专业的学生所认识。

① 第四等级又称“第四阶级”、“第四政府部门”，与“无冕之王”是同义语，是西方对新闻界的政治权力和社会地位的喻示。1772 年，英国记者经过多年争取获得国会旁听权，可以公开报道议员的发言和辩论，记者地位有所提高，后被人称为继贵族、僧侣、平民后的“第四等级”。松本君平在《新闻学》中写道：“第四种族者何谓耶？贵族、僧侣（欧西之教徒）、平民，为构成国家之三大种族。而其称第四种族者，发生于近几世纪，而为社会之一大现象，一大革命家……彼盖以明敏之才干，灵秀之神经，握区区一管，以指挥一大种族之趋向，即构成国民之一大阶级，而有天赋与使命之大种族也。其种族为何？即指新闻记者之一种阶级而已。”（徐宝璜等：《新闻文存》，中国新闻出版社，1987 年，第 11 页）。——译注

第一部分　古代时期

第二章 中国古代的报纸

我早已说过，中国古代的官方报纸不能作为严格意义上的现代报纸被我们所接受。这个问题暂时说到这里。我们曾经拥有的这些官方报纸其实是发布新闻的媒体，至少从10世纪开始，这些官方报纸就开始定期出版发行。它们也以事实新闻为唯一内容，主要包括：第一，皇宫内的事宜；第二，有关官员晋升或解职的官方公告和命令；第三，大臣和省级官员的奏章。然而，受公告特别是奏章的特点所限，它们通常是当代学士有关重大社会和政治改革话题中已被采纳的建议，也可能包括新闻之外大量关于当代问题的观点和批评意见。另外，有些报纸是半官方的，在近代，它们由私人的商业公司出版，以赚取利润为目的。这些特质证明了，把它们作为古代中国的报纸是有道理的。

另一方面，这些官方报纸具有特定的局限性。第一个重要的局限性在于，它们出版的最早形式只不过是由驻扎在京都的省府官员代表为他们各自的地方机构传递的新闻信，甚至到19世纪晚期，官方报纸某种程度上还是以手抄新闻信的形式发行。我碰巧保存了一份注明日期为8世纪的官方印刷报纸。一次奇特的偶然发现证实，中国现存最早的印刷新闻信是《开元杂报》，即在唐明皇开元年间（713—741）出版的期刊①。我们有理由相信，这些官方报纸是在一个相对早的时期印刷的，不过它们只是用简单的陶字印刷的，印刷

① 参见孙毓修：《中国雕版源流考》，上海：商务印刷书馆，1934年，第2页。

质量也十分粗劣；而人们大都喜欢手抄本，因其字迹更易于辨认。第二个重要的局限性在于，报纸的读者几乎仅限于贵族和绅士阶层，这些人在很大程度上决定了当时新闻的特点。因此，这些报纸应该被看作只为官方利益服务的新闻工具，而不是代表广大人民利益的新闻媒体。所以，它们的新闻传播是一种官方的喉舌而非一种社会组织所为。整体而言，报纸的内容与一般的政府公示牌相似，而报道关于社会状况的各类杂闻完全是偶然因素使然。出现这种情况的原因大体上能够从当时中国社会的特征中想象出来：一方面，由于国家在这方面的明文规定的限制，期望一种公共性质的报纸出现几乎是不可能的；另一方面，我认为，在中国总有一大部分学者，他们虽然没有担任职务，却热衷于了解宫廷内发生的事情，正像当代《每日邮报》（*Daily Mail*）[①] 的读者急切地要了解社会所发生的事情——诸如霍利根女伯爵（Countess Halligan）在秋季比赛中穿什么服装或者谁参加了霍华德夫人（Lady Howard）的茶会等——一样。

由于这样一些特征，我们可以说，古代中国报纸不能算是真正意义上的报纸。在印刷报纸之前，所有的国家都存在“口头报纸”。假如我们把这种口头报纸也包含到我们所界定的“报纸”范畴的话，那么，我们必须说，中国的新闻事业发端于诗歌的形式——即以精辟的诗句和民谣的形式记录公众对当时事件的看法，并以此保存了大量相关的资料，而不是起源于书面语的散文。在以后章节的部分，我们会适当地讲到这一点。对于这些民谣而言，它们作为公众批判的武器是十分有效的。民谣更多是舆论的反映，而不是新闻的传播。

从保守的角度讲，书面的报纸可以追溯到公元前 8 世纪的《春秋》。孔子的《春秋》并非唯一有关春秋时期的编年体史书。我们有明确的证据表明，春秋时期每年的春、秋季节，被指派的官员都

---

① 《每日邮报》（*Daily Mail*）是一家英国小报，创办于 1896 年，是英国历史上第一份日发行量超过 100 万份的报纸。——译注

要到乡下收集民谣，这在当时是一种惯例[①]。从《左传》中我们可以得到明证，遒人（现代汉语中“邮差”的意思）的作用就是在每年开春第一个月到乡下巡视，并且向皇上汇报乡下的情况。刘歆（公元前后）给扬雄的信以及应劭（2世纪）在《风俗通义》的序言中，都陈述了公元前统治王朝的采诗官在每年的第八个月份到乡下巡视并收集有关方言、歌谣和民谣素材等的史实。对官方音乐官而言，给皇上呈现有关当下歌谣和民谣的内容，以便皇上知晓关于乡下的时事似乎已经成为一种风俗。春秋时期所发生的这些新闻采集活动形成了中国最早的官方史实记录，即众所周知的《春秋》。它不仅记录了孔子出生地鲁国的史实，而且记录了除秦国和楚国之外其他国家的有关史实，而秦国和楚国则有另外的官方史实记录。从下面《墨子》（公元前501—前416）的引录中，我们或许能管窥新闻收集的价值和意义：

日中，杜伯乘白马素车，朱衣冠，执朱弓，挟朱矢，追周宣王，射之车上，中心折脊，殪车中，伏弢而死。当是之时，周人从者莫不见，远者莫不闻，著在周之春秋。

……燕简公方将弛于祖涂，庄子仪荷朱杖而击之，殪之车上。当是时，燕人从者莫不见，远者莫不闻，著在燕之春秋。

……祩子举揖而槁之，殪之坛上。当是时，宋人从者莫不见，远者莫不闻，著在宋之春秋。

……读中里徼之辞未半也，羊起而触之，折其脚，祧神之而槁之，殪之盟所。当是时，齐人从者莫不见，远者莫不闻，著在齐之春秋。

---

① 据古籍记载，中国古代有“工官采诗”之制，俗称“采风”。《汉书·艺文志》中有记载：“古有采诗之官，王者所以观风俗，知得失，自考正也。”——译注

因此，《春秋》的记录可以被认为是最早的官方新闻收集。但是，它们主要是为统治者的利益而采集和收录的，而且由宫廷史官监管保存。所以，这些编年史肯定被认为是中国历史的早期记录，而不是中国新闻事业的沿革史。按照这种逻辑，我们也可以提及统治者在重大仪式上发布的官方公告，这些公告有时候甚至刻在青铜器上，其各种复制品作为《尚书》的单独章节保存至今。《尚书》又称《书经》，是孔子五经中最早形成的，它包含各类文告，是统治者为向人民传达有关灾荒、迁都和他们决定要征伐邻国统治者等相关事项而作的布告、文告和檄文。

真正的中国报纸是众所周知的“邸报”，一种由省府衙门任命的驻京代理人从京城送回省府的私人信札，某种程度上类似于美国各州任命的驻华盛顿通讯员传递给各州报纸的消息。两者唯一的区别在于，驻京代理人传递的消息是供任命他的王公贵族或者总督分享的，而不是为广大公众服务的。在汉语中，“邸”的意思是“官邸”，也可以指某些王爷或州府总督设在京城的办事处，而这里的“报”意味着“报道”。中国官方报纸的兴起不可分割地与京都的信息代理机构或“邸府”联系起来。“邸”这个词早在汉朝前期的法令中就已有所提及，而当时被界定为“州府上层人士传递官方信息的驻地”。因此，它的功能是帝国向全国地方官员传达布告以及这些地方官员向帝王宫廷呈献奏折的官方媒介。实际上，所有在边远州府的王公和总督们在京都有代理机构，该机构完全按照官方组织构建起来，宫廷设有专门的部（处）负责向这些代理者传达帝王命令。

官方报纸正是从这种组织机构中逐渐发展起来的。在唐朝，这种体制得到前所未有的发展。因为在唐朝，全国有势力的亲王、郡主或者总督掌管着大片的领地，这些领地的规模与中国现代的省级行政区域相当，这些公爵或侯王自然要在京都长安设置自己的新闻机构。当时创立的正式机构叫进奏院，它负责处理这些代理上呈的所有地方官方奏折并向地方代理传达帝王的布告。这些侯王或公爵有兴趣了解宫廷里的动向，所以，这种机构以“邸”为称谓一直持续到宋朝（10～12 世纪）。当时的“邸报”已经发展成为一种重要的定期发行的新闻媒体，在全国的学士阶层有很大的发行量。到了明朝，这种媒体在通政司的管理下继续出版发行。

汉朝没有关于这种京都通信的直接记载。然而，从这些京都官邸和帝国通信体系的环境考证中，我们似乎能够发现关于“邸报”发源于当时私人书面新闻信札这个假设的明证。在这个时期，“邸”这个机构没有被提及，但在诸如汉武帝统治下中国历史上的帝国鼎盛时期，一种有效的帝国信使或邮递体制已经发展起来。在中国统一之前的各个朝代，军事的需求促使秦始皇下令建起一个军事道路和邮递的精密体系——以每隔 10 华里的距离设置驿站。秦始皇的道路和邮递体系一直沿用到汉朝，而当时汉朝的驿站是 30 华里的间隔。无论是马拉邮车还是二轮轻便马车，都使用一匹马到七匹马，也有步行的驿使。在唐朝，帝国的主要道路上布置着多达 1 297 个驿站，水路上也有 260 个，而水陆两用的驿站有 86 个。当时也有传递信息的限定速度和范围：陆路平均速度是每天 300 华里或者接近 100 英里，遇到诸如大赦这样的加急圣旨的话，这个限定速度可能要突破每天 500 华里；水路传递信息也有相应的速度要求，因顺水或逆水而异。

我们也正是在唐朝的记载中明确地看到了“邸报”这个词，众所周知它后来也被称为“边报”、“朝报”或“驿报”。有关这些报纸的参考文献只能在当时学者们的记录中发现，其中最著名的就是唐明皇执政时期开元年间（713—741）的《开元杂报》。孙樵是一个生活在 9 世纪后半期的著名学者，他记录自己曾经捡到很多记载有关宫廷事务的手抄信件，一开始他误认为是当朝的，而后又感到迷惑，因为当时全国的状况与信件中所说的情形已经有所不同。这时，孙樵正好碰上一位朋友，他告诉孙樵这些手抄信件正是开元年间的“邸报”。孙樵也说，他后来得到了与自己在手抄信件中发现的具有同样内容和细节的官方记录的复制本①。《中国印刷史》的作者所提及的唐朝存留下来的印刷文本之一正是《开元杂报》的复本：

近有江陵杨氏藏《开元杂报》七叶，云是唐人雕本，叶十三行，每行十五字，字大如钱，有边线界栏，而无中缝，犹唐人写本款式，作蝴蝶装。墨影漫漶，不甚可辨。②

我们还有证据表明，在韩翃所处的时代，已经有读者在阅读“邸报”了。当一位朋友带来朝廷任命韩翃的消息时，他不相信，而他的朋友回答说：“‘邸报’发布的消息说，驾部郎中的职位还空缺着，而大学士则两次举荐你，在被否决之后仍然坚持。”这件事发生在780年。因此，在8世纪，“邸报”肯定已经出现。我们可以设想的是，随着唐朝掌管大约20个州府总督官邸的“报状”传递工作的进奏院的创立，“邸报”已经从传递私人信件的阶段发展到规范的官方公告传播机构的层次。

到宋朝，“邸报”似乎已经成为文人学士广泛阅读的出版物。宋朝早期学院派生活的特点是安静和闲适，他们属于热衷于“嚼舌头”的群体。苏东坡书写的两行诗就表明，他阅读“邸报”就好像现代人阅读晚报那样，当时没有比这更好的休闲方式了：“坐观邸报谈迂叟，闲说滁山忆醉翁”③。当时学者们的笔记、书信和自传中就有不少有关阅读“邸报”的记载。阅读报纸似乎已经成为一种习惯，而

---

① 参见孙樵：《经纬集》，第28页。

② 张秀民：《中国印刷史》，第36页，上海：上海人民出版社，1989年。转引自孙毓修：《中国雕版源流考》，上海：商务印书馆，1934年。——译注

③ 出自苏轼诗《小饮公瑾舟中》。——译注

当时的报纸不是一种而是好几种，被称为“小报”的一种新闻纸正在逐渐形成，这暗示着当时人们对即时新闻的迫切需求。例如，《宋史》关于刘奉世的官方传记中写道：

熙宁三年，初置枢密院诸房检详文字，以太子中允居吏房。先是，进奏院每五日具定本报状，上枢密院，然后传之四方。而邸吏辄先期报下，或矫为家书，以入邮置。[①]

宋人赵异的《朝野类要》讲到这个时期存在的几种报纸：

边报，系沿边州郡列日具干事人探报平安事宜，实封申尚省、枢密院。朝报[②]，日出事宜也，每日门下后省编定请给事判报，方行下都进奏院，报行天下。其有所谓内探、省探和衙探之类，皆衷私小报，率有漏泄之禁，故隐而号之曰新闻。

由于当时出现了对于新闻急切需求的迹象，生活在1160年前后的南宋初人周麟之曾上书要求严厉禁止小报的发行。他的《论禁小报》一文生动地描写了小报的内容、形式、新闻来源及其在社会上的巨大影响：

方陛下颁诏旨，布命令，雷厉风飞之时，不无小人诪张之说，眩惑众听，无所不至。如前日所谓旧臣之召用者，浮言胥动，莫知从来。臣尝究其然，此皆私得之小报。小报出于进奏院，盖邸吏辈

① （元）脱脱等撰：《宋史》卷二九六、卷三六四，第8358页，北京：中华书局，1977年。——译注

② 可参见春秋时期孔子年鉴至政治家王安石（1021—1086）的相关论述，那时《断栏朝报》盛行，可比做那个时代的《晨邮报》的明证。——译注

为之也。比年事有疑似者，中外不知，邸吏必竞以小纸书之，飞报远近，谓之小报。如曰："今日某人被召，某人罢去，某人迁除。"往往以虚为实，以无为有。朝士闻之，则曰："已有小报矣！"州郡间得之，则曰："小报到矣！"他日验之，其说或然或不然。使其然焉，则事涉不密；其不密也，则何以取信？此于害治，虽若甚微，其实不可不察。臣愚欲望陛下深诏有司，严立罪赏，痛行禁止。使朝廷命令，可得而闻，不可得而测；可得而信，不可得而诈，则国体尊而民听一。①

这里，我们可以看到新闻审查和官方管制似乎与中国新闻史上第一种重要的报纸同步相随。例如，我们在《宋史》第三百二十卷《吕溱传》中看到，他曾经反对对于战事新闻的封锁。《吕溱传》记载："依智高寇岭南，诏奏邸毋得辄报。溱言，一方有警，使诸道闻之，共得为备。今欲人不知，此意何也？"我们也有证据表明，明朝实施严格的新闻审查制度，尤其是在朝廷腐败、官员迁升、解职以及谋杀层出不穷的时候，因为公众对这些消息知晓得越少，对于当局越是有利。在这方面，中国古代的统治者与现代国家统治者的做法截然不同。

始于宋朝的官方报纸持续迅速发展，从那个时期起到19世纪之后的朝代里都没有中断或者停滞不前，一直到现代新闻事业兴起，它才被后者所取代②。在整个明朝和清朝，"邸报"充当着作为中国唯一阅读群体的知识分子获取和接近官方新闻和大众新闻的唯一渠道。

---

① 周麟之：《论禁小报》，见《海陵集》第2卷，第2页。

② 更多的近况见第十一章开始部分。

第三章　古代歌谣

公众批判的最早形式可以追溯到很久以前定期出版的报刊。像文学那样，公众批判在文字传播之前采取的是口头表达形式，同时公众批判以诗歌的体裁发端而不是采用散文体裁。有关政治评论的民谣或讽刺诗歌的发展历史源远流长而且十分重要，我们有必要对此加以关注。实际上，由孔子本人编定的《诗经》就包含有大量的讽刺诗。《诗经》的第一部确切地讲叫《国风》，它有两层含义：首先指各个国家不同的风俗，其次指包括很多诗歌在内的讽刺诗。而除了《诗经》之外，我们还有保存至今的丰富的散文形式的时事评论。

一个有趣的事实很少为人们所怀疑，即中国人民对于统治阶层来讲是伟大的讽刺家，并且在这一点上或许远远地超越了西方。中国人民之所以成为其政府的主要批评者，是因为对于大多数官员而言，他们始终是持续而坚定的讽刺者——这个事实经常在人民对其统治阶层表面的驯服下被掩盖起来。没有任何审查制度或独裁统治能够真正阻止人民内心对于政府的批评。我认为，民谣和讽刺诗的兴起与此有着密切的联系。中国人民总是对政府进行思考，而当他们对其统治者进行思考的时候，他们会情不自禁地对统治者进行评判。或者更准确地讲，他们是在对政府“指手画脚”地评说。中国历史上曾经涌现大量从未见报的政治话题，而在今天，诸如此类的政治批评是不会见诸报端的，这一直是当权政府的愿望。但是，评说者坚持在茶会上或背后对政治“指手画脚”，无视所有官方审查制度的存在。而无论在什么情况下，每当出现精彩的段落或睿智的评论时，人们肯定争相传播，这条评论就会传诵一时。假如这段评论包含了朗朗上口的俚语、精彩的双关语或令人难以忘怀的优美韵文，它还会在这些统治者死后流传很长时间。

目前，尽管没有关于民谣和讽刺诗作者的想象和描述，但事实上，今天我们所掌握的诸如口口相传而来的讽刺诗等诗歌民谣，证明了近3 000年来中国历史上这种民谣和讽刺诗的传诵从未中断的假设的成立。例如，现在社会上流传着一些反对国民党的过激的睿智诗句，就我所了解的情况而言，目前还没有人胆敢把这些诗句付印出版。这些诗句只能口口相传下来，而中间不可避免地缺失了某个比喻或者某个笑话，但它们流传的时间注定超过同时代所有的书籍和报刊。在以后不远的历史时期，当执政的统治者死去的时候，这些隐藏在某些学士“笔记”中的精彩诗句就会被挖掘出来。这样的诗句易记难忘，有时候以最简明扼要的表现手法对当局进行无情的批判，其笔触之犀利，诗句之精彩、完美，超过了所出版的最优秀的评论文章，其自然、丰富的内涵达到了前所未有的高度，以致人们断定，它们肯定在某些优秀才子专心撰写和精心润色之前就已经在某个地方流传了。作为更复杂的文学形式，这些诗句和散文得以流传下来，并达到完美的艺术高度有着同样的原因——人们喜欢这些诗句。这就是它们能够世代相传并流传至今的原因。同时还因为，有些讽刺诗具有受新闻监察的严肃报纸评论所缺乏的露骨批评的特点。

这里没有必要追溯到《诗经》来列举与时事批判截然不同的讽刺诗句和篇章。必须说明的是，《诗经》中诗句的讽刺特点经常被低估。例如，著名诗篇《七月》不仅是女性在不同季节回味农家生活时诵唱的民歌，而且明确地表达了对统治阶级、地主以及服劳役等的强烈控诉。仅《左传》就为我们留下了很多脍炙人口的民谣，有时它们被称为“舆人之诵”，意思是普通人的歌谣，而有时在特殊的情况下又被称为某个国家或某个行业的民谣；还有一些歌谣被称作童谣（儿童的歌谣），有些歌谣则是专门供干活的石匠唱的。所有这些歌谣都包含一行到十二行不等的语句，而且总是押韵的，由普通人来诵唱。歌谣的作者不详，但是在历史上的某个特定时期，比如在汉朝晚期，我们能够很容易地追溯某些学派或者团体的作者的详情。

另外，这些歌谣总是与中国的宗教迷信混合在一起，从而赋予歌谣神谕特质以及占卜未来事件的功能。这些特点在汉朝表现得尤其突出。当时的统治者似乎特别迷信，总是以神谕的各种形式来“向天请示”，而且经常引用歌谣。但是，有些歌谣并不是真的能占卜未来，我猜想其中很多是在事件过后书写而成，之后由人们来诵唱，并由此表现公众对于这些事件的情感的（参看下文关于秦始皇的歌谣）。在《汉史·五行志》中就保存着大量这样的歌谣或类似歌谣的散文，其中特别描述了这些神谕和其他超自然的现象。所有这些歌谣和类似的讽刺诗歌已经收录进《古文苑》或乐歌集这种特别的“杂歌谣辞”集子中。这些丰富的歌谣和公众情感表达方式证实了我们对于中国舆论的调查是粗浅的。

这些歌谣的讽刺特点在下面的例子中可以窥见一斑。例如，当楚国国君被秦国暗算并死于秦国的时候，楚国人民十分愤怒，他们以诗歌的形式来发泄对于敌国的仇恨：

楚虽三户，亡秦必楚。①

而下面的两首歌谣则生动地反映了舆论对于一位朝廷官员（子

---

① 《楚人谣》。据《史记》记载：“楚怀王为张仪所欺，客死于秦。至王负刍，遂为秦所灭，百姓哀之。为之语曰：‘楚虽三户，亡秦必楚。’”——译注

产）的态度的转变①。子产于公元前6世纪在自己的国家发起社会改革，其中一首歌谣是在他执政第一年流行的，另一首是三年后人们被新政的好处说服后所创作的。新政开始的时候，人们唱到：

取我衣冠而褚之，
取我田畴而伍之；
孰杀子产？
我其与之。

三年之后，他们唱起：

我有子弟，子产诲之，
我有田畴，子产殖②之。
子产而死，谁其嗣之？

在下面的两首歌谣中，我们可以看到舆论对于秦始皇的激烈反对，因为他以人民的生命和劳苦为惨痛的代价来修建万里长城。歌谣也被设定为一种预言的形式，表述了秦始皇将死于沙丘③的过程。但实际上，我们可以认为，这些诗歌是人民听到这位暴君的死讯之后欣喜若狂的一种表达方式。而通过预言的形式，它就具备了古罗马历第13日式④的轰动效应。

---

① 参见《子产诵二章》。据《左传》记载，子产从政一年，舆人诵之云云。及三年，又诵之云云。见（清）沈德潜等：《中国历代诗歌别裁集·先秦汉魏晋南北朝隋唐诗歌别裁集》卷一，第11页，济南：山东文艺出版社，1995年。——译注

② 音治。——译注

③ 今河北省平乡县东北。——译注

④ 古罗马历3、5、7、10月中的第15日以及其他各月中的第13日叫做月中，被认为是一个不吉利的日子，恺撒就在3月月中遇刺。——译注

秦始皇奄僵！
开吾户，
据吾床，
饮吾酒，
唾吾浆，
餐吾饮，
以为粮；
张吾弓，
射东墙，
前至沙丘当灭亡！

有关在东墙射死秦始皇的诗句源于一个典故：传说孔子家的墙壁中藏有一把弓箭，当秦始皇推倒房子的时候，这把弓箭就会射死他。第二首歌谣唱道：

不知何一男子，
自谓秦始皇，
上我之堂，
据我之床，
颠倒我衣裳。
至沙丘而亡。

在秦始皇执政时，公众批评十分受压抑，以至于当时出现了因“偶语”和“腹诽”而被处死的惨剧，我们可以想象诗歌最后一行所表达的受压迫民众的愤懑之情。

一位暴君死后出现的这种公众批判可能不会立即产生很大的政治影响，但是如果这种在统治者死后对其进行嘲讽的民间歌谣形式永远流传下去并成为中国的一个传统的话，对所有顾及声誉的统治者来讲，它们就可能产生巨大的威慑力。对于实施专制的独裁者来说，其唯一的不满和真正的悲哀在于，他们像普通人一样有生有死，而国人总是要比他们长寿。在中国的历史上，一位不受欢迎的统治者或独裁者，其腐败和昏庸的程度往往与他在位时的浮华和奢侈是对等的。他死去的时候，歌谣就开始唱起来，小说也开始被撰写，旨在告知世人有关统治者或独裁者所有的罪恶及其隐秘的私生活，而这些歌谣和小说则为公众广泛诵读，并在茶馆等舆论传播的地方被受奴役的听众世代传诵。与现代新闻事业比较起来，这些传播途径看似缺乏效力，但事实并非如此。例如，大奸臣秦桧在人们心目中和小说、戏剧中的形象永远是可耻的，尽管他在世时成功地封锁了公众对他的批评。这个史实将有助于阻止一些欲实施独裁行为的执政者滥用权力来镇压人民。直到今天，人们仍然仇恨秦桧，每当一位演员扮演秦桧的时候，他都要饱受观众向他投掷臭鸡蛋之类的苦楚。现在，杭州有秦桧及其老婆的铁铸塑像，他们就像囚犯一样跪在被他们杀害的爱国将军岳飞的墓前，几百年来，一直经受着中国人民的唾弃和羞辱。所以我觉得，这种类型的舆论并不总是无效的。既然有些人由于害怕进地狱而保持良好行为，那么也肯定有人由于害怕死后落下遭人唾骂的名声而行善事。

当然，这种批评不仅仅针对死去的统治者，因为执政的统治者和当朝的政治家同样也经常关注此类批评。例如，东汉末年汉灵帝刘宏在位时（168—189），一首歌谣就直接讽刺当朝皇帝并抗议服役制度。它把一位生活奢华的官员比喻成窝在巢里的乌鸦[①]：

---

① 即《城上乌童谣》。据《后汉书·五行志》记载，为桓帝初京师童谣。按此皆谓为政贪也。“车班班，入河间”，言桓帝将崩，乘舆入河间迎灵帝也。“河间姹女工数钱”以下，言灵帝既立，其母永乐太后好聚金钱，教灵帝卖官受钱，天下忠义之士，欲击悬鼓以陈。而大吏既怒，无如何也。——译注

城上乌，尾毕逋。
公为吏，子为徒。
一徒死，百乘车。

这首歌谣也提到灵帝登基及他母亲是一个贪婪的黄金囤积者的史实。歌谣的特别意义在于，其结尾处提及了舆论遭压制的状况。在中国，人们有用“击鼓”表达对统治者不满的习俗，但掌管本职工作的官员早已沦为帝王的傀儡，而人民也惧怕行使这项权利：

车班班，入河间。
河间姹女工数钱。
以钱为室金为堂，
石上慊慊舂黄粱。
梁下有悬鼓，
我欲击之丞卿怒。

我们有理由作出这样的假设：这首歌谣是由当时皇后集团对立面的一些学者所撰写，因为当时正处于由反对统治集团的学派所发起的政治批判的高潮中，该问题将在后面的章节进一步阐述。这个假设基于这样的事实：在汉顺帝刘保（126—144）、汉桓帝刘志（147—167）和汉灵帝刘宏（168—189）这三个皇帝统治时期，这样的歌谣史料似乎异常地丰富。这场政治批判运动的著名人物都直接或间接地在这些歌谣中被提及，在下面的案例中也是如此。在皇后的哥哥梁冀把持朝政的时候，一位直言不讳的学者和反对党的著名领袖李固被囚禁并死在狱中；同时，外戚集团的另一个人却被封爵位，我们可从以下的歌谣中加以认识：

直如弦，
死道边。
曲如钩，
反封侯。①

我们有卷入这场政治批判的所有学者的系列歌谣的正式记录。这些歌谣以“太学谣”而著称，因为这些歌谣在当时的太学生中广为流传，据说大约有三万太学生在对抗朝廷。太学生按照能力和影响将他们的领袖分成不同等级，诸如“三君”、“八俊”等，并且为每个人赋一首短诗来称赞其才能。因此，我们可以想象，这些歌谣曾十分流行，并且在中国历史上首次有组织的运动中被广泛用作公众批判的武器。

自然，其中很多歌谣除了具有讽刺社会的特点之外，还表现出一种幽默的风格。在公元前后王莽统治中国的时期，有一位叫隗嚣的将军，他在国家处于动乱的时候控制一个小区域。这个人野心勃勃，一心想要称帝，结果他很快就被推翻了。此人刚好跛脚，从下面的歌谣中，我们可以看到人们对这个梦想当皇帝的败北将军的嘲笑：

出吴门，望缇群。
见一蹇人，言欲上天。
令天可上，地上安得民！②

① 顺帝时京都童谣。根据《后汉书·五行志》记载：“李固争清河王当立。梁冀立蠡吾侯，固幽毙于狱，而胡广、赵戒、袁汤等一时封侯，京都童谣云：‘直如弦，死道边。曲如钩，反封侯。’”——译注

② 《后汉书》卷一一三《五行志》云：“隗嚣初起兵于天水，后意稍广，欲为天子，遂破灭，嚣少病蹇。吴门，冀郭门名也。缇群，山名也。”——译注

《汉史》中还记载着1世纪时很流行的一首歌谣，它着重描述了当时妇女的时尚：

城中好高髻，
四方高一尺。
城中好广眉，
四方且半额。
城中好大袖，
四方全匹帛。①

对这个时期的歌谣，我们将会在东汉首次有组织的舆论运动中进行总结和归纳，在以后的章节中还将涉及这个话题。

① 《城中谣》。据《后汉书》记载，为“前世长安城中谣。言改政移风，必有其本，上之所好，下必甚焉”。——译注

第四章　汉朝的公众批判和“党锢”运动

本章主要探讨中国舆论史上舆论和统治当局之间第一次有组织的争论和冲突。虽然当时没有机械化的印刷机可以利用，但东汉的舆论表达比以前历代都更加有效。不过对于舆论自身而言，这是受过教育的公众人士同腐败力量之间在舆论领域作殊死搏斗的最不寻常的一段悲壮历史。从蔚为壮观的“太学生运动”，到后来宋朝和明朝的类似的学潮，直至今天发生在我们眼前的学潮，这样的故事不断地在重演。在东汉那场长久的舆论博弈过程中总是显露宦官的威力，这或许有助于延缓日趋没落的汉王朝的覆灭，使之推迟几十年的时间。但是，舆论的传播是以学者们的巨大牺牲为代价的，数百名学者惨遭集体杀戮，他们的家属和亲戚被流放，有的甚至被杀害，逾千名太学生被囚禁，而与他们有关联的成千上万的无辜者被监禁和流放。舆论运动还曾引发了两次宫廷政变，第二次政变还导致了宫廷中的一场战火，而宦官集团中也有 2 000 名成员被杀，并且几乎导致了汉朝的灭亡。

本章研究的价值在于，它可以从一个侧面展示某些中国学者敢作敢为的勇气和胆识。当学者们得到正确的引导和组织时，他们就会站在正确的和公正的立场上有所作为，甚至以个人承担巨大危险为代价。本章和以后的章节将表述诸如范滂、李膺、陈东、杨继盛等官方学者的英雄胆识和无畏批判精神的故事，正是他们临危不惧的气概和良好的团队精神才使得民主有发出声音的可能。这些连续的学生运动和缺乏任何法律保护的舆论学潮的最终失败表明，除非宪法给予学者和作者保护，否则，建立名副其实的舆论力量是根本不可能的。从这个和之后我们所阅读的故事中可以清楚地看到，公众对于国家事务的漠视是民主权利缺乏保护的自然的逻辑结果，而公众也必将漠视国家事务作为自我的保护手段。从这个自然的历史背景来看，我们可以更加清晰地了解公众漠视国家事务的轨迹。

既然这是一部中国新闻舆论史，我们就只能从这场运动的侧面来重点审视，尽管这场运动本身呈现的事实异彩纷呈，而且已经形成了自身独立的研究体系。

这里，有必要对导致这场延续几十年、影响持续近一个世纪之久的独特论战的重大事件进行简单概括。这场论战源自两股对立力量的膨胀：一方面是政治背景，包括宦官和外戚对朝廷政权的抢夺以及官员腐败和暴政统治对全国人民的剥削等；另一方面是论战中涌现了大批被公众热情所吸引并受个人英雄气概和侠士精神所鼓舞的学生和学者。这两种力量的冲突使得学者批判和朝廷之间的斗争不可避免，而这场运动的纵深发展自然导致激烈的论战和“党锢”运动，并最终引发大规模的囚禁和杀戮行为。正像后来的儒学评论家所说的那样，把汉代王朝的覆灭归咎于这些无畏的学者而谴责他们是极为不公平的。假如要评价这些学者们的功过是非，他们倒是延续了汉室的统治，他们的最终失败连同统治阶层的灭亡都应归因于没有一个比我们现在的政府更民主的政治体系。

简言之，从简单的生物学原理来看，政治背景有其自身的渊源，即皇室血统的生命力都不长久。宦官和外戚的淫威（所有暴政统治的根源）都归因于这样简单的事实：东汉时期的大多数统治者都是短命的，而皇储或幼帝的即位又都引发了大规模的血腥屠杀。正是在东汉朝廷，皇室旁系即位的做法开始恢复，而在此之前，汉室王朝实际上已经衰落了，而且在连续经历了三个皇帝未有子嗣继承王位的失败之后，逐渐走向灭亡。这三个皇帝是汉成帝刘骜（公元前

32—前 7)、汉平帝刘衎（1—5）和汉安帝刘祜（107—125）。除了东汉的第一位皇帝光武帝刘秀（25—57）——他是唯一长寿的皇帝——之外，其他的汉朝皇帝均英年早逝：

汉章帝刘炟（76—88）卒于 33 岁

汉和帝刘肇（89—105）卒于 27 岁

汉殇帝刘隆（106）卒于 2 岁

汉安帝刘祜（107—125）卒于 32 岁

汉顺帝刘保（126—144）卒于 30 岁

汉冲帝刘炳（145）卒于 2 岁

汉质帝刘缵（146）卒于 8 岁

汉桓帝刘志（147—167）卒于 36 岁

汉灵帝刘宏（168—189）卒于 34 岁

随着这个时期的结束，汉朝又连续迎来了另外三个没有子嗣继承王位的皇帝，而汉室的最后几个统治者均来自皇室的旁系家族。这些短命皇帝带来的直接后果是，他们的继承人登基时年龄都很小。例如，殇帝刘隆在大约出生 100 天时继承皇位，顺帝刘保在 2 岁时即位，质帝刘缵在 8 岁即位，桓帝刘志在 15 岁即位，灵帝刘宏在 12 岁即位。结果，在这些幼帝的童年和少年时期，皇太后自然代替他们成为国家真正的统治者。在这一阶段，皇帝总是被有权势的大臣或将军所怀疑，他们担心朝廷大权会落在后宫手里①。

于是，我国东汉史上曾接连产生了六个实际上统治着整个朝廷的“女强人”式的皇太后：章帝窦太后、和熹邓太后、安思阎太后、顺烈梁太后、恒思窦太后和灵思何太后。很自然，太后执政时，她

① 赵翼：《廿二史札记》卷四“东汉诸帝多不永年”及“东汉多母后临朝”条。

们就依靠自己的外戚势力如兄弟或侄子、外甥等，授予他们最高的政治权力，通过他们来应对风云变幻的官场。有时候，他们与宦官和宫廷官员相互勾结，有时候又遭到宦官的联合抵制。如在桓帝的案例中，年幼的皇帝想亲政即收回朝廷大权，迫于形势的压力，他不得不与对外戚心怀不满的宦官联手，正是在宦官的帮助下，桓帝才杀死或囚禁了外戚集团的成员。而宦官也通过这种方式取得了为人臣的最高权力和荣耀。那么，在这种为争夺皇位而变得危机四伏的宫廷环境中，立谁为皇太子就很难确定。宦官、太后和幼帝的叔伯辈之间的争斗持续存在，我们看到的只是大骚乱的表象，其实在不断的动荡中，有相当多的太后和宦官不是被杀害，就是被囚禁，或者悲惨地度过余生。

这确实能够解释学者们为什么会对宫廷进行异常激烈的抨击。正像我所指出的那样，学者们攻击昏庸淫乱的政权是基于一种愤恨和轻蔑的情感，但最终还是因为对宦官们的性别和阶层的偏见。这些宦官大多数都是文盲和愚昧无知的人，而学者们认为在他们的统治下为国家效力简直就是一种耻辱。正如《后汉书》的作者范晔所指出的那样：学者们对于东汉的大多数太后都非常鄙视，因为除了邓太后曾经接受过教育外，其他太后都是文盲[①]。尤其令学者们气愤的是，自己竟然被这些女性文盲和同样愚昧无知的不男不女的阉割之人统治着。但是，真正使事情达到无法收拾地步的是腐败、暴政和在朝廷中强占职位的宦官的亲信们，他们利用手中的权势残酷地剥削人民，从而积累起巨大的财富。这一切解释了为什么舆论会完全一致地倒向学者一边而反对宦官，同时也部分揭示了为什么舆论总是站在学者们的立场上，并使他们在面对迫害、囚禁乃至死亡的时候能够鼓起勇气。

---

① 《后汉书》卷九十七《党锢传序》。

对于学者一方来讲，我们看到了引发此类舆论的另外一股力量，即中国历史上众所周知的“清议”运动。儒家学者的“道德”从来没有像这个时期那样高尚[①]。历史学家通常把这场突发的侠义精神和个人勇气的发扬归因于东汉第一位皇帝对儒家学说的复兴，而实际上，儒家学说也确实是在他的支持下得以发扬光大的。与此同时，汉朝建立了文官制度，形成了较为完善的学校体系，京都和乡下都设有学校，并成为帝国复兴儒家学说计划的有机组成部分。例如，在顺帝统治时期，汉朝太学校舍有 240 房、1 850 室，学生 30 000 名[②]，他们都是朝廷各部门的候选人才。学习似乎成为一种备受尊重的事情，当时的学堂里汇聚了很多著名学者，这些学者在各自的学府中又招收了数千名学生。如此多的学子聚集在帝都并致力于纯粹学理的生涯而非别的活动，这样自然营造了一种对时事评头论足的风尚，特别是当朝政出现腐败的时候。这种公众批判的习俗在全国范围内蔓延并发展成为一股强大的政治势力，就像现在的新闻舆论那样，确实产生了立竿见影的效果。于是，高等学府似乎成为知识传播的中心和公众意见的发源地，从而得到所有人的尊敬，而且具有自身的权力。诸如郭泰这样著名的评论家，能够通过对一个人的口头评价来成就他或者使其名誉扫地[③]。

除了这个因素之外，支持公众批判运动的道德力量来自十分严格的行为标准以及当时流行的侠义之道。对于公众批判而言，其目

① 顾炎武：《日知录》“两汉风俗”条，梁启超：《论中国学术思想变迁之大势》。

② 《后汉书》卷一〇九上《儒林列传序》。

③ 苏不韦的案例可以说明这一点。像当时的很多侠士一样，苏不韦为父报仇的举动引起了公众的广泛关注。一位姓李的官员把他父亲投进监狱并致使其父亲死亡。为了谋杀李姓官员，苏不韦挖掘了通向李官员卧室的地道。当他通过这条地道来到李官员的卧室时，李官员已经逃走了，苏不韦就杀死了他的妻子和孩子，而且他还扒了李官员父亲的坟墓，砍下了尸体的头，作为自己父亲的祭品。起初，舆论对于苏不韦的过激复仇方法给予强烈的批评，但当德高望重的郭泰发表了倾向于苏不韦的观点之后，苏不韦的做法随即得到了公众的认可。

标直接针对学者和官员的个人行为，就像反对朝廷的诸多行为一样。于是，学者们对于公众意见十分的敏感，他们会非常谨慎地实施自己的个人行为，旨在赢得宫廷的赞誉和避免遭人耻笑。这其中有三个方面的因素：

第一，公众批判的兴起与朝廷复兴儒家道德学说的运动紧密相连。因此，正如儒家学说所倡导的“礼让”或服从美德那样[①]，汉朝有很多这样的例子：封建独裁家庭中的长子有意放弃自己长子的继承权，以便支持其年轻的弟兄来施行“服从”的美德。这样做的兄长往往会得到公众的高度赞扬，为自己赢得好名声。于是，当时出现了一种为了取得好名声而做出非凡或异常举动的时尚。所以，伴随着这场公众批判运动的浪潮，社会舆论的大趋势是支持这种苛刻的规范个人行为的道德标准。在这种氛围下，所谓的“清议”运动或者“纯粹批判”运动就应运而生了。这是一场支持政治净化和道德强化的批判运动。

第二个因素是汉朝的文官制度明确鼓励这种苛刻的道德行为规范。人们被官府推荐或提名成为朝廷官员，不须以其学识的优劣为评判标准，而是基于他们的道德品行和正直诚实的好名声。朝廷官僚体系中的很多名称即是明证，诸如“正大光明”、“品行”、“正直”、“铁面无私”、“清廉”、“孝道”、“谏言”、“直言”、“隐士”等[②]。有时候，这种苛刻的道德标准倾向于发展为孝道的典型，成为儒家伦理道德常见的案例。我们这里列举学者赵宣的例子。赵宣以孝道而著称，因为他严格遵循儒家传统的伦理道德，在其父亲的墓前守孝三年。但是，当一位上司发现他在守陵期间竟然还生了五个

---

① 《后汉书》卷七十四《邓彪传》、卷六十九《刘恺传》、卷一一三《严子陵传》等；也可参见赵翼：《廿二史札记》卷五“东汉尚名节”条。

② 《后汉书》卷七十四《邓彪传》、卷六十九《刘恺传》、卷一一三《严子陵传》等；也可参见赵翼：《廿二史札记》卷五“东汉尚名节”条。

孩子的时候，赵宣即刻沦为声名狼藉的“儒家学说的罪孽叛逆者”。

造成激烈争斗的第三个重要因素其实是一种侠士精神，这种源自战国时期的侠士精神一直延续至今。有一类游侠或许就是武艺超群的剑客，为个人忠诚的道德标准所鼓舞，他们甘愿冒险甚至不惜牺牲生命来拯救危难中的朋友。我们在《汉书》中可以找到论据来证明这种传统在四五百年的历史中从未间断[①]。历史上有很多关于行侠仗义之人为朋友复仇的故事。在一些案例中，他们在光天化日之下手持刀剑杀人，他们是一些为复仇而罔顾后果的人。我们这里引用何颙的案例。何颙的朋友曾经在病榻上泪流满面地告诉何颙，他因没有能够为父亲的死雪耻而遗憾。当朋友死去之后，何颙就行动起来，砍下朋友仇人的头并作为祭品放在朋友的坟前悼念。另外一个类似的案例是有关郅郓的。他也听到了病榻上朋友类似的抱怨，就径直赶过去杀死仇人并把他的头砍下来送给了朋友，然后这位朋友才安然地死去。还有著名学士公孙瓒的故事。为了陪同朋友去流放地，公孙瓒甘愿告别家人并不辞辛苦行走1 000多公里来到遥远的南郡[②]。另外还有关于用公平的决斗形式来解决问题的奇特案例。有个叫周党的人，他曾经被某个叫卿佐的人所侮辱；周党来到京都学习之后，听说了《左传》中有关侠士和复仇的故事，于是他回到家乡，向卿佐提出决斗的挑战。后来，周党在决斗中身受重伤，但对手崇敬他的勇敢行为，把他送回家并照顾他直到康复[③]。正因为有这种忠诚、勇敢和对友情至死不渝的传统，人们在后来的迫害中才有足够的可能性去实践这些美德。实际上，假如学者们没有受这种个人勇气和侠士传统的鼓舞和熏陶，反对宦官及其党徒的英勇斗争就不太可能成为现实。

---

① 《汉书·游侠传》。

② 《后汉书》卷五十九《郅郓传》、卷一〇三《公孙瓒传》。

③ 应劭：《风俗通·过誉篇》。

学者和宦官之间的斗争，据说可以追溯到顺帝统治时期（126—144）。当时，学者李固和杜乔死于狱中，因为他们作为朝廷的监察御史敢于向皇帝呈送有关犯罪和宦官弄权暴政的奏折。然而，斗争主要发生在桓帝（147—167）和灵帝（168—189）统治时期。

其中，第一次学生运动爆发于153年，当时的侍御史朱穆奉命出任冀州刺史。这个大公无私、刚直不阿的官员将在全国巡视的消息不胫而走，40多位当权大臣出逃，而那些留守的官员要么自杀，要么因被指控贪污和压迫百姓而死于狱中。当时，大多数大臣恰好又是最有权势的宦官的亲戚。其中一名叫赵忠的宦官用御制翡翠棺材埋葬父亲，基于义愤，朱穆命人掘墓并把尸体示众以向其他官员警示。为此，他自然遭到了京都宦官们的攻击，最终被判处劳役以示惩罚。然而，舆论支持朱穆，数千名学生联名向皇帝递送请愿书，严词抨击宦官，声援朱穆反对腐败的坚定立场，并请求自愿代替朱穆接受劳役的惩罚。这次联名请愿产生了极好的效果，朱穆得到了朝廷的宽恕。

162年，大将军皇甫规在宦官的陷害下被判服劳役，因为他曾经把某宦官在官府任职的几个朋友撤了职。又是数百名太学生联名向皇帝呈交请愿书，为大将军求情，大将军才得以特赦。另有一名皇帝的御史李云因呈交了一份反对宦官暴政的奏折，被判在宦官所控制的监狱中服劳役。一位叫杜众的学者为李云的冤屈而愤懑不平，他递交了一封请愿书，乞求与李云一道死去，结果也被投入了监狱。

太学生与宦官之间的争斗仍在持续。从皇太后听政时开始就一直侍奉顺帝的五位宦官当时爬到了权力的顶峰。这些宦官的所有兄弟、侄子、姐夫或妹夫和其他亲戚就像朝廷的其他大臣一样占据着要职。当时的社会财产分配极为不公，富有阶层生活在极度奢华荒淫的环境中，这从妇女的生活习俗中可以窥见一斑。当时的贵族妇女把眉毛画成“愁眉”，把头发梳理成所谓的“堕马髻”（即头发偏散在头的一边)，走路要走“折腰步”，还流行一种叫做“齲齿笑”的笑容(就像一个人在忍受着牙疼的痛苦一样)[①]。而贫困者却生活在悲惨的状态中，以至于在饥馑时期，人们不得不重拾嗜食人肉的陋习(就像109年那样)。假如宦官得势的话，在这个朝代结束之前，他们就会在全国遍布其爪牙和同党。正是为了反对这种社会状态，当时的学者才竭尽全力通过向皇帝呈送奏折或凭借他们手中的权力来反对宦官的暴政。

以下几个案例足以说明这场争斗的实质和学者们所反对的那些可怕的东西是什么。有些宦官在山东拥有庞大的家业，而他们的亲戚和后人则往往成为这个地区的“响马”(土匪)。滕延做地方行政长官时，把几十个这样的“响马”投入监狱并斩首示众。为此，滕延被罢官。一个宦官的弟弟侯参做了益州刺史，据说他积累了数以百万计的财富。一位叫杨秉的高官弹劾侯参，结果侯参在去京都的路上自杀了。后来，杨秉对他留下的三百马车的财产进行了清点，发现其中多是金银、丝绸和珠宝等，杨秉据此又弹劾了他的哥哥。在这场争斗中，杨秉胜利了，这位宦官暂时失利。在反对这个宦官的过程中，另外一个“清议”运动的著名领袖张俭后来也发起了一场激烈的斗争。因为这个宦官回乡为他母亲举办葬礼，这个葬礼可以说是极度奢侈、荣耀，张俭就趁机弹劾了他。虽然这位宦官设法拦截了这道弹劾奏章，但是张俭没有停止斗争，他把这位宦官的陵庙和家乡的房子推翻，变卖了他的家产，然后又向皇帝呈送了一道弹劾奏折。而这道奏折再次被这个宦官的心腹所拦截。我们还可以列举成瑨对付宦官的一个珠宝商朋友的案例。成瑨处死了这个商人及其两百多名随从人员。还有一位宦官的弟弟在江苏地区欺压百姓，一次他想纳一位官员的女儿作小妾，被该官员拒绝后，就派人绑架

---

① 《后汉书》卷三十四《梁冀传》;《后汉书·五行志》。

了这个姑娘并用弓箭将其射死。太守黄浮听到这个消息之后，立刻逮捕了这个宦官的弟弟及其全家人，并在严厉的刑讯下开庭审判。他的幕僚建议他放弃这个做法，但黄浮回答说，只要能够如愿处死这个压迫百姓的恶霸，他宁愿以死抵命。因此，黄浮就把这个宦官的弟弟处以死刑，砍下他的头当街示众。为此，黄浮也被判在宦官控制的监狱中服劳役[①]。

由此，以学者为代表的舆论团体与以宦官为代表的利益集团之间的争斗就演变成为一场公开的战争。从口头的抨击开始，到后来已经发展成为激烈的争斗。宦官不可避免地诉诸囚禁、处死和流放等刑罚措施企图彻底阻止学者们的攻击，学者们则自觉地团结起来，而且从不言败。165 年冬天，朝廷第一次发布了逮捕 200 多名参与运动的学士的指令，但迫于舆论的压力，在第二年的夏天，这项指令就不了了之了。

但是，首次“党锢”事件激化了这场争斗，因为舆论绝对地倒向学者一边。其中涌现了大量可歌可泣的故事，有人英勇殉难，有的“戴罪”学者自愿走进监狱面对死亡，当然也有冒着杀头和被官府追捕的危险化装逃走的，还有许多人被株连。有些官员对这些学者寄予深切的同情，拒绝执行逮捕令，有些官员以放弃官职为代价来换取这些被囚禁者的自由，还有一些官员为了给这些逃亡者提供庇所和保护而置个人安危于不顾，其中有些人被折磨致死也没有出卖朋友及其家人。

因此，对学者们的囚禁非但没有阻止舆论的传播，反而增加了这场争斗的激烈程度。对学者们的强力镇压只能使他们内部产生更强的凝聚力，这些学者们开始给运动的领导者冠以不同的头衔，诸

① 所有这些故事均见《后汉书·桓帝纪》、《通鉴纪事本末》“宦官亡汉”。

如“三君”、“八俊”、“八厨”等[1]。随着灵帝新政的实行，太后的父亲窦武恰巧对学者们十分同情，在他和其他高官大臣的联合支持下，当时似乎出现了铲除宦官势力的绝好机会。然而，随着他们组织的两次宫廷政变的失败，其中的两名领导者被杀害，太后被囚禁，政权又重新落到宦官手中。此时的皇帝只是一个14岁的孩子，很容易就被宦官所控制，因而逮捕学者们的第二道指令得到了强有力的实施，这样的行动彻底结束了这场运动并把朝廷推向了灭亡的境地。

169年，逮捕党人及其同情者的指令下达，所谓的“第二次党锢之祸”开始。100多名学者被处死，他们的妻子和家人被流放，而因株连被逮捕和处死者达六七百人之多。172年，由于宫殿门口出现了讨伐宦官罪行和朝廷腐败的匿名招贴，1 000多名太学生再次被囚禁。176年，政府又颁布指令免去被指控学者的官职，并逮捕所有教师、太学生、被指控学士的父辈、儿子和兄弟。相对而言，这些学者们在监狱里倒很安全。于是，绑匪和盗贼横行全国，直到184年，即第二次党锢之祸开始大约15年之后，著名的黄巾起义爆发。因为害怕人民同情黄巾起义，皇帝停止了对学者的追捕，而且他们被流放的家人也被允许返乡。但是，这些措施采取得太晚了，当时几乎每个强壮和完整的男人都已经沦为“响马”了。不仅张角成为黄巾军的领袖，全国还有大约20多位其他黄巾军领袖，他们实际上把全国变成了一个彻头彻尾的战场，由此中国历史上著名的三国时期拉开了序幕。

这些学者表达对政府批评的方式如下：首先是歌谣，其次是联

---

① 《后汉书·党锢列传》记载，自是正直废放，邪枉炽结，海内希风之流，遂共相摽搒，指天下名士，为之称号。上曰“三君”，次曰“八俊”，次曰“八顾”，次曰“八及”，次曰“八厨”，犹古之“八元”，“八凯”也。窦武、刘淑、陈蕃为“三君”。君者，言一世之所宗也。李膺、荀翌、杜密、王畅、刘祐、魏朗、赵典、朱寓为“八俊”。俊者，言之英也。郭林宗、宗慈、巴肃、夏馥、范滂、尹勋、蔡衍、羊陟为“八顾”。顾者，言能导人追宗者也。度尚、张邈、王考、刘儒、胡母班、秦周、蕃向、王章为“八厨”。厨者，言能以财救人者也。——译注

名请愿和向朝廷呈送弹劾奏折，最后是利用他们手上掌握的权力。他们没有完全取得成功并非他们的错误，而是由于中国缺乏保护个人权利的宪章。中国从古代起，表达人民声音和意见的法制就是缺失的，在这种情形下，实现民主从某种意义上讲是虚妄的。《尚书》精辟地表达了这种首要的民主概念，当时的一个国君的公告这样写道："天视自我民视，天听自我民听。"但这种民主形式通常都是徒劳无益的，因为尽管上天可以选择聆听人民声音的方法或途径，但宦官、帝王的妻妾和皇上的乳母等并不这样做，而上天对此也无能为力。

在法制和民主权利缺失的情况下，在这种混乱的条件下，甚至在公共新闻获取权存在时，我非常怀疑，舆论表达究竟能否实现。假如当时存在新闻表达途径的话，最有可能发生的事情就是，新闻界蜕变为传达宦官和皇上乳母有关"政治谋杀"的观点以及他们所谓"忧国忧民"行为的喉舌。新闻界不可能比学者们更能够表达人民的心声，除非有些编辑不怕被杀死或者被囚禁。但是，从国家安全的视角来看，我们所想象的枪决编辑与处死汉朝学者之间实际上并没有明显的差别。

第五章　魏晋时期的舆论限制

在公元三四世纪东汉之后的魏晋时期，公众批判进入历史上的最低谷。然而，这种负面的效果却给我们提供了一种重要的启示，也就是本章集中论述的一个观点：公众对于国家事务的漠视是宪法保护缺失的自然的逻辑结果。对政治和国家事务的漠视在经历过东汉“党锢”运动的学者们中成为一种普遍的态度，而这种漠视态度是前朝对学者的屠杀、流放和迫害的直接和自然的反应。每个人都只有一个头颅和两只臂膀，假如在一种不安全的大环境下，人们要么选择安逸而世故地不问政治的生活方式，要么选择饱食终日而不负责任的生活哲学，即每个人都明哲保身的话，就没有人会受到谴责和惩罚。而后边的选择与其说是一种情感反应，还不如说是一种明智的选择。因为人越是耽于享乐和堕落，他作为政府评论家就越发无益和软弱；而他越是软弱无力，政府就越喜欢他；政府越喜欢他，他就越发安全。

在东汉衰落之后，道教成为时尚的宗教信仰，在这种风气的影响之下学者们推动了中国文学史上所谓的第一次浪漫主义文学运动。他们的个人生活和习惯都带有浪漫情调，甚至来往书信中也充满着一种罗曼蒂克的色彩。他们经常以饮酒作乐和寻花问柳来打发日子，过着隐士般的生活，而对儒教学说极度蔑视，对待政治就像对待神灵那样漠然视之。儒教中“天下为公”的思想已经被多次验证，但在“党锢”运动和全国动乱的压力下崩溃了，而这些学者所固有的道德标准也不复存在，他们变得玩世不恭，长期沉浸于享乐之中，且就这样消沉下去。中国学术史上东汉时期的“清议”已经让位于魏晋时期的“清谈”。

“清谈”运动在思想观点上的负面影响就像前朝“清议”运动的积极意义一样深远。它不再关注政治上的清廉和公正，而是转移到道教哲学纯粹的乌托邦中去，倾向于从现实生活的真实世界中脱离出来。在东汉覆灭之后的几十年，儒家学说在中国历史上第一次沦落到声名狼藉的境地，失去了在人们思想中的统治地位，而被老子的“无为而治”和庄子的“逍遥”思想所取代。

个人还能够期望什么呢？在担忧遭遇悲痛和迫害的恐惧中，人们开始怀疑干预政治的意义。范滂给儿子的最后教导或许是关于“清谈”运动的最好写照，极具讽刺意义①。当逮捕范滂的指令下达的时候，带着拘票（逮捕证）的执行官泪流满面，不忍心向他出示拘票。而当范滂得知这个消息时，便主动就捕，并向母亲告别，表达了对弟弟的嘱托和关心。母亲鼓励他勇敢地面对死刑，而她自己也会欣慰而去。在行刑路上，范滂向儿子道别时说：“吾欲使汝为恶，则恶不可为；使汝为善，则吾不为恶。”他坚定不移地追求正直的儒教信仰却以悲剧告终，所以他也不能使儿子信服做善事就一定是正确的选择。

有些学者大义凛然地走向监狱，而有些学者则试图逃走，这些逃走的人发现，勇敢的朋友或亲戚总是愿意为他们提供保护和藏身之处，但这不可避免地给提供住所的人带来了更加深重的灾难。例如，当张俭逃走并隐藏在长城中时，曾经为他提供藏身之处的几十个人受到牵连和迫害，他所有的亲戚甚至整个村庄的人遭到集体杀戮。听到这个消息之后，夏馥感叹道：“孽自己作，空污良善，一人逃死，祸及万家，何以生为”②。夏馥自己曾经是舆论领袖，但他不得不把胡须剪掉，化装逃进深山为他人做家仆。他的弟弟去找他给

① 《后汉书》卷九十七《范滂传》。
② 《后汉书》卷九十七《夏馥传》。

他送衣物，当弟弟在市墟遇见他的时候竟然没有认出他来，直到听到他的声音才明白。夜间，他们兄弟俩在一家小旅馆悄悄见面，夏馥告诉前来送衣物的弟弟：“吾以守道疾恶，故为权宦所陷，且念营苟全，以庇性命。弟奈何载物相求，是以祸见追也。”当时也有类似夏馥的学者，他们隐姓埋名惨死于深山之中；还有一位学者在一间没有门的土屋里隐身，每天只能从墙上的一个小洞里接送饭食。假如这些人漠视国家事务而选择了隐居山林的生活，或者像张俭那样，无论朝代如何变迁都自由地生活着，永不接受朝廷的官职而过着隐居生活，这样难道应该受到谴责吗？

难怪这些学者养成了一种新的处世哲学，尤其是在魏朝众所周知的“竹林七贤”诗人中间，他们开始形成温和、浅薄、浮躁、淫荡或者淳朴的风格。阮籍可能是当时最有才气的诗人，而他曾经在自己的房间裸体四处行走[1]，当人们问他这样做的原因时，他回答说：“我以天地为栋宇，屋室为裈衣，诸君何为入我裈中？”[2] 在浪漫主义的颓废时期，他画了一幅想象中的“大人”画像，画中人轻松地游荡着，他还把思想狭隘的儒家学者比作沿着人的裤缝爬行的昆虫。对于漠视政治的溢美之词，阮籍在其著名的《大人先生传》中有所描述：

天下之贵，莫贵于君子。服有常色，貌有常则，言有常度，行有常式。立则磬折，拱若抱鼓。动静有节，趋步商羽，进退周旋，咸有规矩。心若怀冰，战战栗栗。束身修行，日慎一日。择地而行，惟恐遗失。诵周、孔之遗训，叹唐、虞之道德，唯法是修，唯礼是

---

① 此处是林语堂误说。“脱衣裸形”者是刘伶，而非阮籍。见《世说新语·任诞篇》：“刘伶恒纵酒放达，或脱衣裸形在屋中，人见讥之。伶曰：‘我以天地为栋宇，屋室为裈衣，诸君何为入我裈中？’刘孝标注引邓粲《晋纪》所记略同。——译注

② 这个故事和以后的故事参见《通志》卷一二三《阮籍嵇康传》、卷一七五《祢衡传》。

克。手执珪璧，足履绳墨，行欲为目前检，言欲为无穷则。少称乡闾，长闻邦国，上欲图三公，下不失九州牧。故挟金玉，垂文组，享尊位，取茅土，扬声名于后世，齐功德于往古……

且汝独不见夫虱之处于裈中，逃乎深缝，匿乎坏絮，自以为吉宅也。行不敢离缝际，动不敢出裈裆，自以为得绳墨也。饥则啮人，自以为无穷食也。然炎丘火流，焦邑灭都，群虱死于裈中而不能出。汝君子之处区内，亦何异夫虱之处裈中乎？……

这种漠视政治生活的处世哲学的确很有诗情画意，因为它使我们回归自然和道家的教义，而中国所有优秀的诗歌都与道教教义一脉相承。如果说宦官和皇帝的乳母导致了汉朝覆灭的话，那么从某种意义上讲他们也造就了中国最伟大的田园诗人陶渊明，使伟大诗赋作品《归园田居》的问世成为可能。因为正是在浸透着道家自然主义情结的文化形成两个世纪之后，人类精神才达到了我们在道家学说中所发现的和谐、宁静致远和享乐的境界。宦官们首先提供了诗歌创作的动力，而魏国的统治者曹操则进一步推动了这场变革的发展，他曾直率地表达他“不愿做正直的学者”的思想。诸如孔融和祢衡这样聪颖和富有智慧的诗人，都是因为其过人的聪明才智而引来杀身之祸的。嵇康作为“竹林七贤”之首和回归自然生活的倡导者，也未能做到明哲保身而遭遇英年早逝的厄运。当时的精英人物之一祢衡曾经假装疯子，而后来建立晋朝的司马懿也曾经佯装瘫痪在床。司马懿为了逃避加入曹操集团而不得不装病在家，当曹操试探其病状的真相并连夜派人送去拐杖之类的东西时，司马懿仍然以计谋圆了他的谎言。有一天，司马懿把他的书简放在院子里晾，可是一场暴风雨突然来临，他忘记了自己称病在家的谎言，马上从床上起来把书简抱到屋子里。这件事正好被一个马童撞见，司马懿的妻子为了保全司马懿的谎言不被拆穿就杀死了这个马童。正是在这种充满了恐惧和险情的氛围中，一种漠视政治、崇尚享乐和声色的风尚席卷全国。

作为生活在现实世界中的个体，这些诗人为了自身的解脱，其诗歌内容的颓废可以得到理解；但从另一个方面来说，作为个人，他们的浮华诗歌只不过是隐藏其内心空虚和苦闷的托词。因此，我们才有诸如阮籍《咏怀·一日复一夕》中的诗句：

胸中怀汤火，
变化故相招。
万事无穷极，
知谋苦不饶。

他接着吟道：

终身履薄冰，
谁知我心焦！

还有如下《咏怀·灼灼西颓日》的诗句：

宁与燕雀翔，
不随黄鹄飞；
黄鹄游四海，
中路将安归？

出于同样的原因，我们发现其他诗人也沉迷于酗酒、女色和诗歌。刘伶写了很多著名的有关酒色的文章，他自己经常连续几个月酗酒大醉。他曾经带着一坛酒乘车出去，叫上一个随从，并命他带一把铁锹说："死便埋我。"① "竹林七贤"中的阮咸与一个婢女之间有不正当的关系，一天阮咸在宴席上听说他妻子把这个婢女打发走了，他立即向在座的客人借来一匹马，飞奔去拦截这个婢女，并当着这些诗人朋友的面把这个用马驮回来的婢女带回家。如果说这是一个丑闻的话，他却愿意把这个消息公之于众。这就是以其"聪慧"被人们羡慕的才子，他们信奉老子的教义，以智慧的方式影响着愚钝的人，同时足以刺激浮华的世风，而他们自己对于整个统治阶层没有构成任何威胁，也因而确保了自身能安度晚年。

或许正像大多数中国史学家所言，是"清谈"时尚导致了清末中国国势的衰弱和蛮夷入侵华北，但如果人们真正理解了这个风尚的实质就会对其给予谅解和宽恕。在宪政对学士们和评论家缺乏保护的情况下，人们无法采取一种积极的政治心态，在舆论的指引下，冒着被统治者惩罚和付出生命的危险而"勇敢前进"。只有在法律规范中，言论自由才能得以保护并真正实现，而只有在人的生命具有更大价值和更多尊严的时候，人们才能以一种积极的心态来关注政治。

---

① 见郑樵：《通志》卷一二三《刘伶传》。"常乘鹿车，携一壶酒，使人荷锸而随之，谓曰：死便埋我。"——译注

第六章　宋代的学潮

公众批判总是在国家和民族处于危难时兴起，在 12 世纪和 13 世纪上半叶整个南宋时期就是如此。当时汉人朝廷的封建统治中心移至杭州，在金人和蒙古族侵扰的阴影下生存，直到蒙古人在 1277 年把它推翻。这是一个我们特别感兴趣的历史时期，因为无论是当时的政治形势和学生运动，还是舆论的反应都对当代具有重要的借鉴意义。从过去的历史中我们学到了如何观察当今的政治事实，这就是历史研究的价值所在。在阅读整个南宋历史的过程中，我们可以看到，当时的学生是如何强烈地要求抗击外敌侵略，而朝廷却又是怎样地软弱动摇并企图避开这个话题，在压制舆论和利用舆论之间摇摆不定。我们感觉到当时的学生与汉代的太学生之间有一种特殊的亲近关系。学生运动在和平时期发生是不正常的，然而，在国难当头的特殊历史时期，产生学生运动则是完全正常的。当社会上存在新闻自由和较为包容的表达舆论的媒介组织时，比如类似国会这样的机构，学生运动就不会发展成为任何有影响或者重要的社会活动，就像英国的情况那样。但是，当一个政府在人民舆论面前沦落到不可收拾的境地且正常表达舆论的途径被剥夺的时候，学生运动必定被认为是一个非常自然的社会现象。而政府试图压制学生运动的态度同样是自然的，因为世界上的政府都不愿承认他们不懂得如何统治和治理国家，他们也不会承认政府缺乏解决问题的方法，而这些问题对普通人而言意义重大却无法解决。

一方面，这一时期的学生运动与东汉时期的学生运动存在如下差异：第一，这场学生运动更为持久，它经历了一个半世纪而不仅仅是30年的时间。第二，它是一场反对外敌入侵的政治危机性质的斗争，而不是反对宦官暴政的国内斗争，其结果缺少诸如我们在汉朝发现的国内斗争短兵相接的特点。第三，这场运动中没有汉朝那样的有组织的党派团体，结果也就没有发生激烈动荡的宫廷政变；它是一场遭到当时朝廷制裁的持久的运动，而运动中广泛采用了联合请愿和在宫廷前集合抗议的形式。

另一方面，两个历史时期的运动又有相似之处。两场运动都得到了广泛的支持，无论是反对政治腐败还是反对面临外敌入侵时朝廷的软弱态度和投降政策，两场政治运动都被认为是人民声音的真实表达。在两次运动中，舆论的表达都是十分公开的，学者们往往公然反抗朝廷，要求朝廷解除大多数权威大臣的职务，惩罚或处死他们，甚至请求处死当朝宰相。因此，我们可以看到这个历史时期大量的学生请愿活动，都要求解除诸如李邦彦、韩侂胄、史嵩之、贾似道、秦桧等位高权重的大臣的职务，或者处死他们。这无疑是一件危险的事情，因为南宋的宰相是实际上的朝廷统治者，统揽整个国家的政治、军事和财政大权。呈交请求处死当朝宰相或者试图向皇帝传达其贪婪、腐败和无能信息的请愿书无异于自寻死路。但是，当整个国家处于危难的非常时期，总会涌现许多英雄般的学士，他们敢于为民请愿而且勇于承担后果。

这些所谓的运动很大程度上是皇家学府中的学子所发起，他们所采用的表达方式常常是呈交请愿书和以集体抗议者的身份跪倒在宫廷门前或游行示威。这些请愿活动有以下几个特点：第一，请愿书要么由学府中的学生或其他人单独呈送，要么由一二百名皇家学府中的学生联名递交。第二，这些请愿书也经常由普通官员或者没有官衔的学者来呈交。除此之外，在这个时期，学生们似乎也一直特别活跃。第三，经常与这些请愿书相伴出现的是在宫廷门前的请愿组织。在有些情况下，这些请愿团体由普通民众集结而成，有时甚至会演变成一场暴乱。第四，这些请愿活动要么场景异常宏大，要么旨在通过震撼人心的时事来发泄受压迫者的感情。每当请愿活动发生的时候，它总是不可避免地被模仿并在外面传播，而很多请愿事件都被记录到当时的官方史籍中。第五，请愿者经常请求解除宰相和重臣的职务或者处死他们，并推荐其他人来担任这些职务。有时候，他们的请愿针对外族长期入侵中原的战事及和平问题；有时候，他们强烈反对对于爱国官员的不公正任用或者解职。第六，当请愿活动没有达到预期效果时，就会接连发生类似的请愿活动。而这些活动要么由原来的发起者倡导，要么在原来的发起者受到惩处或为此被解职时由其他同情者来发动。第七，这些请愿活动经常成功地干预朝廷的决定，并使请愿者所推荐的官员得以升迁或者使他们反对的人被免职。然而，如果他们失败的话，这些请愿书的传送者就会遭遇羞辱，被囚禁或者被处死。

有关请愿活动的记录可以追溯到1109年，当时的一名学者叫陈朝老。他弹劾当朝宰相并列举其损害国家利益的14条罪状，尤其是宰相在外交事务上的软弱政策。当时正是金人入侵华北长城边境的时候，而当时的朝廷像处于这种情形的所有懦弱的政府一样，在华北危机日甚一日的紧要关头却不能果断作出决策。16年后的1125年，即北宋覆灭前三年，一个名叫陈东的学士递交了一份反对宰相和其他五名官员的请愿书。他请求朝廷处死这六名叛国者，并且把他们的头颅吊在醒目的地方示众，以此赎罪。结果，其中的两名官员被免职，另两名官员被处死。这反映了此类请愿书的威力和作用，但是个中真正的原因在于，陈东的请愿书真实地表达了面对已经沦丧的国土和即将沦陷的帝国而处于激情高潮中的公众的情感。

即便如此，朝廷还像从前一样屈膝卖国，似乎已经忘记了朝廷自身的职责。蛮夷已经打过了黄河，皇帝本打算亲自带兵抵御侵略者，重臣李邦彦却建议皇帝从京都逃走。李纲极力反对这个决策，并拿自己的性命担保他能够改变这个决定。然而，几天后，这个决定再次颠倒过来，皇太子作为人质被送到金国，目的是保证和谈的成功。之后不久，另一名官员决定以自己率领的军队来抵抗敌人，却遭遇了惨败。于是，朝廷决定割让一些城池给敌人，并免去了主战者李纲的职务，以便巩固与金国的所谓“友谊”关系，同时想方设法阻挠本国军队前进。所有这一切事件连续发生在短短的两个月里。

免去李纲职务以安抚入侵者的做法引发了当时京都的大规模游行示威，这次又是以整个运动的核心人物陈东所递交的请愿书为导火索。《宋史》记载，1127 年 2 月，陈东联络成千上万名太学生和民众聚集在京都宫廷门前，递交请愿书请求恢复李纲和种师道的职务，并谴责李邦彦嫉贤妒能、害怕李纲的决策取得成功，同时指出朝廷免去李纲的职务正中敌人下怀。当时，碰巧“讲和派”首领李邦彦在上朝的路上经过请愿民众的集会场，集会民众当场嘲弄他并谴责其罪行①。一名叫吴敏的官员站出来与民众讲话，但无人理睬

---

① 参见《宋史》卷四五五《列传第二百一十四忠义十》。“李邦彦议与金和，李纲及种师道主战，邦彦因小失利罢纲而割三镇，东复率诸生伏宣德门下上书曰：在廷之臣，奋勇不顾、以身任天下之重者，李纲是也，所谓社稷之臣也。其庸缪不才、忌疾贤能、动为身谋、不恤国计者，李邦彦、白时中、张邦昌、赵野、王孝迪、蔡懋、李棁之徒是也，所谓社稷之贼也。陛下拔纲列卿之中，不一二日为执政，中外相庆，知陛下之能任贤矣。斥时中而不用，知陛下之能去邪矣。然纲任而未专，时中斥而未去，复相邦彦，又相邦昌，自余又皆擢用，何陛下任贤犹未能勿贰，去邪犹未能勿疑乎？今又闻罢纲职事，臣等惊疑，莫知所以。纲起自庶官，独任大事，邦彦等疾如仇雠，恐其成功，因用兵小不利，遂得乘闲投隙，归罪于纲。夫一胜一负，兵家常势，岂可遽以此倾动任事之臣。窃闻邦彦、时中等尽劝陛下他幸，京城骚动，若非纲为陛下建言，则乘舆播迁，宗庙社稷已为丘墟，生灵已遭鱼肉。赖聪明不惑，特从其请，宜邦彦等谗嫉无所不至。陛下若听其言，斥纲不用，宗社存亡，未可知也。邦彦等执议割地，盖河北实朝廷根本，无三关四镇，是弃河北，朝廷能复都大梁乎？则不知割太原、中山、河间以北之后，邦彦等能使金人不复败盟乎？一进一退，在纲为甚轻，朝廷为甚重。幸陛下即反前命，复纲旧职，以安中外之心，付种师道以阃外之事，陛下不信臣言，请遍问诸国人，必皆曰纲可用，邦彦等可斥也。用舍之际，可不审诸！”——译注

他。随即请愿民众击鼓示威，他们的喊声和鼓声震耳欲聋。侍卫首领惧怕出现骚乱，就恳求皇上答应请愿民众的要求。皇帝恩准并指派一名宦官前去宣布对李纲的任命。宦官宣读完圣旨之后，请愿的民众群起攻击这个宦官并杀死了他，然后把他的尸体撕成碎片，另外还暗杀了几十名宦官。在这种情况下，李纲恢复了官职，被任命为尚书右丞，负责京城防御。李纲和陈东的传记与这个记录基本吻合，只不过传记中提到了“上万名民众”自愿聚集起来①。这可以说是民众对国情的一种反应。

这是发生在北宋末年的事情。当时的形势变得越来越糟糕，宋徽宗访问金国军营，遭到囚禁并被作为人质送往北方，而他的儿子宋钦宗作为继承人，最终也遭遇了同样的厄运，且死于敌人之手。这个时期，陈东作为太学府的太学生曾递交了五次请愿书，当帝都迁至杭州的时候，他又多次递交请愿书。他在请愿书中曾三次要求处死国家“六贼”②。

朝廷自然想尽力通过“禁止递交请愿书和在宫廷门前跪坐”等手段来阻止这场运动。但在这种动乱的关键时刻，事情在瞬间就会发生变化，这种禁令可以说是作用甚微。早有官员提出把示威游行的头领人物处死，而帝都的地方长官则建议把他们投入监狱。然而，在激愤民众的舆论面前，朝廷只好决定放弃追究陈东的罪责，且不得不派代表到学府向学生解释并安抚他们。之后，陈东被授予官职，但是他不为所动，拒绝接受③。

然而，陈东最终免不了一死。在 1128 年，南宋建国的第一年，他再次递交请愿书，要求免去黄潜善的职务，而黄潜善则反过来提

---

① 参见《宋史》卷四五五《列传第二百一十四忠义十》。“军民从者数万。书闻，传旨慰谕者旁午，众莫肯去。方舁登闻鼓挝坏之，喧呼震地。有中人出，众脔而磔之。于是亟诏纲入，复领行营，遣抚谕，乃稍引去。”——译注

② 汪师韩：《韩门缀学记》。

③ 《宋史》卷四五五《陈东传》。

出，应该处死陈东以平息学生抗议活动。黄潜善的请求得到了恩准，陈东被杀害了。但两年之后，面对愤怒民众的舆论，皇帝不得不通过派遣官员到陈东墓前祭奠并为陈东和同时遇害的另一名请愿者的家人提供赔偿金来安抚民众。皇帝的哀悼之情可能是真诚的，但其中还另有隐情：当时，在入侵者的挟持下，刘豫在山东建立了傀儡郡府。在那样的历史条件下，皇帝需要民众的支持，因此他还尽自己最大努力建造庙宇来表彰这两名爱国者的行动。

在赵构统治时期，中国历史上众所周知的大奸臣和卖国贼秦桧的权势形成，而示威游行和任何批判的表达方式都被严厉禁止①。秦桧及其对外媾和政策在所谓“和平统一”的朝廷中统治了19年之久。期间，他自己掌控着整个朝廷的政治、财政和军事权力。不管他的政策公正与否，这里我们只讨论他通过谋杀其反对者并禁止舆论表达的途径来攫取权力的问题。只要他当权，这种做法就一直在发挥作用。和谈和投敌卖国的谬论掩盖了事实的真相：事实上，在双方历次战斗中，金兵并不是十分英勇善战的。如果不是因为所有反对秦桧的大将和学士都被谋杀以致大宋王朝被严重削弱的话，金兵不一定能够取得胜利。岳飞取得了一个又一个胜利，这时他却被朝廷毫无理由地紧急召回，随后在监狱中被杀害。我们不能辨明，这里所涉及的论题是关乎国家福祉呢？还是秦桧自己的成功？而秦桧所谓的成功在于其对立派的政策没有机会得以施行。或许侵略者都是骁勇的将士，但汉人军队也未必是想象中那样逢战必败的残兵败将。

总之，秦桧所使用的方法是不择手段和无情的，他动辄发出免职和囚禁的指令，这些都清楚地表明，当时这位大人物不允许官场上有任何反对他的言论和风声②。我们只有通过对秦桧内心深处的想

---

① 高登的案例除外，他递交了五封请愿书而被发配到我的故乡漳州。

② 赵翼：《廿二史札记》卷廿六“秦桧文字之祸”条。同时参见《宋史》卷四七三《秦桧传》。

法和性格的仔细剖析才能获得关于他的正确认识和判断。下面一个案例就足以说明他的阴险狡诈。有一次，他的妻子被邀请到皇宫进餐，席间皇后吹嘘说起一种罕见的大鱼，这位头脑简单的妻子就回答说他们家有更好、更大的鱼，并承诺第二天早上派人送一些过来。秦桧明白，若让皇帝知道宰相送给皇帝的礼品甚至要比皇帝送给宰相的礼品更好，这是极不高明的。所以，第二天，他派人给皇帝送来一些干腌鱼①，这样便极大地满足了皇帝的虚荣心。毫无疑问，秦桧是绝顶聪明的。无论是在战时还是在和平时期，如果没有秦桧做朝廷宰相的话，皇帝就不能想象中国会成为什么样子。他可能通过抵抗的政策来维系宋朝的统治，也可能通过投敌卖国的政策来取得这样的效果，但不管怎么说，投降和媾和的过程使中国逐步沦落到一个附属国和仆从国的地步。每年，大量的黄金、白银、丝绸等作为贡品流出，这样的结果似乎比难决胜负的战争更像一种解决问题的清晰办法。而在实施的过程中，他采用内部屠杀的政策对人民进行恐吓和打击。在使宋朝沦为一个麻木和消沉的王朝的过程中，他能够证明的是中华民族处在一个尚不具有抵抗外族入侵能力的历史阶段。在这一点上，或许他是正确的。

但是，秦桧的统治不会长久，虽然他活的时间很长。被压制的舆情只能激发民众对于施压者的普遍愤慨。假如整个民族有机会进行反击的话，或许就能够抵抗外敌的侵略。当这种政策恰好施于一个国难当头的民族身上时，舆论就会随着这个所谓“大人物”的死去而以一种复仇的形式迅速爆发。

在秦桧死后的一百年里，太学生个体或者集体上书请愿的活动有增无减，因此我们有理由把上书请愿看作一种传统习惯。从太学生不断联名上书请愿的传统中，我们可以看到很多案例：在宋孝宗

① 叶绍翁：《四朝闻见录》；邓之诚：《中华二千年史》第2卷，第292页。

统治时期，72 名学生上书请愿；宋光宗统治时期，在王安仁的带领下，218 名学子联名上书；而宋理宗统治时期，在反对宰相史嵩之的斗争中，蔡之润领导 173 名学生上书请愿，另外还有 144 名学生在黄恺伯的率领下递交了请愿书。在整个宋朝统治时期，除了上述案例之外，还有很多学者个人发起的重要的上书请愿和弹劾活动，这就意味着舆情对于政府的公开批评仍在持续①。

朝廷极力阻止学生的上书请愿活动，但他们发现这是徒劳的，因为这样的上书请愿活动有舆论的大力支持。例如，在 1175 年 11 月一个晴朗的日子，朝廷突然颁布一项法令，禁止舆论的自由传播。但是，就在同一天，在张观的带领下，72 名学生聚集在皇宫前向朝廷递交请愿书，要求惩罚或者处死某些官员，同时建议恢复另外一些官员的职务。由于背后有强大的舆论支持，他们的要求部分地被朝廷接受，有些新人被授予官职。而对于政府来说，这似乎是一件不光彩的事情，因为人民的民主意识越强，政府就越狼狈。但是我们知道，政府的真正光彩和威信在于实施正确的领导，并给予人民自由表达意愿的有效途径，而不是与民意对立，压制舆情或被迫顺应民意。

在宁宗统治时期（1195—1224），韩侂胄做宰相，舆情对该宰相的不满达到了前所未有的程度，人们纷纷上书弹劾他②。当时，整个国家再次陷入抵御北方入侵者还是与之谈和的争论之中，主战派的意见在韩侂胄与赵汝愚、朱熹、彭龟年和其他儒家学者的争论中得到了声援和加强③。但之后随着宰相势力的逐步形成，这些请愿者大部分遭受侮辱、鞭打或者流放等处罚。因此，在 1200 年，一位没有官职的学者吕祖泰上书请愿，要求处死当朝宰相并呼吁授权周必大，

---

① 汪师韩：《韩门辍学记》。

② 《宋史》卷四七四《韩侂胄传》。

③ 同上。

不幸的是，他为此被鞭笞，并被判处流放。事实上，韩侂胄一直在对入侵者采取抵抗或媾和政策之间徘徊。1205 年，一名学者由于递交了反对抵抗的请愿书而被降级；1208 年，一名学者由于推出与抵抗北方入侵者相反的提案而被免去官职。当时正处在秦桧暂时恢复名誉的时期，所有反对当时政策的人都有可能被降职或者免职。宰相的威力达到了如此大的地步，以至于当时的一名学者在参加宰相的生日宴会迟到时像落水狗一样“俯偻以入”，而另外一位学者赵师择则为讨好宰相竟然学狗叫。

一天，韩侂胄与一个叫赵师择的人一起在乡间散步，当他们看见一处优美的景致时，韩侂胄说：“此真田舍间气象，只是欠犬吠鸡鸣。”然而，不一会儿，他就在篱笆附近听到了狗叫的声音，但走近后才发现，原来这声音来自陪他散步的赵师择，赵师择在尽力为他营造这个完美的场景。当然，赵师择很快得到了提升。

随后在宋理宗赵昀统治时期（1225—1264），来自各个书院的学子们的公众批评发展到强大的地步，以至于对朝廷构成了实际的危害。形成这种状况的根本原因在于公众批判干预政治的本质，它往往要求解除某些官员的职务而任命一些新官员，而这种做法的部分原因是这些请愿活动似乎关系到琐碎的派系话题。人们对这种做法有很多批评，但我认为，构成对政府的危害未必构成对民族的危害。无论在英国还是在中国，任何权利的争取都形成了对于国王或者政府官员自由的约束，不论它是有效的权利法案，还是强大的议院，或者高度民主的新闻界，或者高等学府学生的活跃的公众批评。现代报纸和英国议会像当时的学生一样关注官员任命和免职的新闻，尤其是英国人，他们已经不再把诸如此类的公众批评看作是一种“危害”了。

很显然，无论我们关于这件事情的看法如何，由学生发起的弹劾和反弹劾活动在宋理宗赵昀统治时期达到了高潮。当时发生了抨击当朝大臣的系列请愿活动，其中著名的有反对大臣丁大全的请愿。结果，请愿的学生被投进了监狱，而学生递交请愿书的做法也暂时被禁止了。在反对大臣史嵩之的活动中，黄恺伯带领144名学生递交了请愿书。需要特别指出的是，当时发生了一起学生抗议谋杀弹劾书递交者的凶手的案例，这位谋杀者随后猝死；另外还发生了一起涉及173名学生指控史嵩之卑鄙欺诈行为的抗议活动。在宋朝即将灭亡之际，发生了很多学生冒死弹劾当权宰相贾似道的请愿活动。这是一些头脑清醒的批评者所不为的事情，因为贾似道得到皇帝宋度宗的极高尊重和敬畏，宋度宗甚至把他称作“师臣”而不是直接称呼其官职，当贾似道离朝回府的时候，皇帝总是从龙椅上站起来相送。

然而，周密这个曾经对宋朝末期的帝王进行过猛烈抨击的学者，却以一种犀利的批判笔调论述了当时的学生请愿活动：

三学之横盛于景定淳祐之际，凡其所欲出者，虽宰相台谏亦直攻之，必使去其权，乃与人主抗衡……其所以招权受赂，豪夺庇奸，动摇国法。作为无名之谤，扣阍上书轻台投卷，人畏之如狼虎。若市井商贾无不被害而无所赴愬，非京尹不敢过问。虽一时权相如史嵩之、丁大全不恤行之，亦未如之何也。①

周密在这里似乎描述了学生请愿活动的另一面，毋庸置疑，请愿书的负面效应是存在的。

然而，在我看来，正是在贾似道任宰相的时期，我们才能真正谈论“第四等级”的力量。而在11世纪末，很少发生学生为弹劾成功而行贿的案例，即使有这样的学生，他们立刻就会被当作“害群

① 周密：《癸辛杂识·后集》。

之马”而遭到攻击并被社会所蔑视。整体而言，学生们的请愿活动有助于形成公众批判的潮流，他们有时候或许是偏激的，有时候带有明显的政党倾向——但今天真正“不偏不倚”、“不党不私”的新闻报道又有多少呢？——然而，对许多当权官员的无畏批判总能抵消请愿活动的负面效应，可以肯定的是，这总比公众批判缺失的情况要好得多。应该为我们所铭记的是，正是这种公众批判的存在，才产生了一定的威慑和防范作用。学生们的成功正在蜕变为一种“公共危害”的观点，可能要根据具体个人的认识来进行真伪效果的阐释。

然而，从贾似道的案例中，我们可以发现他是中国历史上最狡诈的奸臣之一[①]。我认为，中国史学家对于这位见证了宋朝覆灭全过程的历史人物进行痛心疾首的评价和猛烈的抨击不无道理，因为贾似道专权跋扈，利用各种残忍的手段铲除异己，而且在他铸金镀银的官府和庭院中过着荒淫无耻的生活。当蒙古兵攻陷南京城池的时候，他竟然还在斗蟋蟀。贾似道在自己的权力范围内构筑了所谓的“大一统政府”和国家的“和平”，而没有形成对立势力。史学家们在界定奸臣的概念时，总是指很有能力的人——世间存在无能的理想主义者，却没有无能的奸臣。因此，一个奸臣愈是狡猾，他所使用的方法愈加高明。贾似道所掌握的真正能力就是他所实施的搜捕和杀戮，而他正是通过这些手段树立起自己在朝廷中的权威，以至于到了最后，他把朝廷内外的权力完全掌控在自己手上（即把宫廷内的宦官和朝廷中的官员都牢牢地“团结”在自己周围）。贾似道拥有非凡的能力，又会采用狡猾的策略，他曾为皇家三所高等学府的学生提供上等的鲜鱼和肉食，并通过在月考中发放奖学金的方式来贿赂和收买他们。他用增加农产品捐赠的办法来支持学府，结果

---

① 《宋史》卷四七四《贾似道传》。

正如当时的一座石刻所讲，“崇宁以来，蔡京群天下学者，纳之黉舍，校其文艺，等为三品。饮食之给，因而有差。旌别人才，止付于鱼肉铢两间。学者不以为羞，且逐逐然贪之”①。

贾似道的方法带来了直接的效果。周密这位当朝的学者告诉我们，当时的学者们已经开始缄默不语了，“（诸生）虽目击似道之罪，而噤不敢发一语，及贾要君去国，则上书赞美，极意挽留。今日曰‘师相’，明日曰‘元老’，今日曰‘周公’，明日曰‘魏公’，无一人敢少指其非”②。

总之，宋代太学府的太学生所发起的政治性批判运动首先是由爱国人士陈东倡导的，随后发展成为抵抗投敌卖国和反对把中国变为“金附属国”的全面运动；长期以来，很多勇敢而无畏的评论家冒着丢官弃职和牺牲生命的危险传承着弹劾宰相和贪官的传统。评论家们认为，这些贪官辜负了朝廷的信任，学生的抗议活动经常具有导致朝廷内阁人事变动和引发某些政治集团升迁或下台的作用；但是到最后，学生群体似乎成了堕落的政治团体。然而总体而言，他们所支持的政治集团大都是正直和正派的人，而他们攻击的都是腐败或无能的官员。在宋代王朝的最后时期，贾似道似乎成功地使用了我们所说的安抚和绥靖政策来贿赂和染指于新闻舆论，而学生运动的力量几乎已经丧失殆尽。贾似道把所有的政敌都排挤出去，压制所有对自己的批评言论并把中国“统一”于他的控制之下，将整个国家的政治、军事和财政权力都集中于他一人之手。可气的是，他竟然在汉人王权即将沦陷于蒙古侵略者手中的时刻，还能够在其奢华的府邸中与尼姑、妓女们一道斗蟋蟀。

① 邓志宏：《沙县重修县学记》，见邓之诚：《中华二千年史》第2卷，第297页。
② 周密：《癸辛杂识·后集》，也可参考其《齐东野语》。

第七章 明朝的宦官、御史和东林党人

与宋朝通过学生请愿和示威游行来表达公众批判的方式不同，在中国明朝，我们可以看到，由于传统的变化，朝廷御史的活动变得十分活跃。御史制度以一种激进的方式表达了学者和官员们对于朝廷或皇宫的政策和措施的意见。当时，这场运动导致了御史和皇室内阁之间的一场争斗，并形成了这样的局面：学者和御史们不赞同内阁成员所支持的事情，反而支持内阁成员所反对的事情，就像英国议会中的多数反对党那样。这样势必增加宗派分裂的因素，当学者们试图清洗裙带主义却失败的时候，他们就隐退过上闲居的生活，开启了所谓的“东林党”运动。党内的演讲者以东林书院为基地，直接展开对于当代政治事务的强烈批判。当时，学者们抨击的是亚洲历史上最严厉的宦官，因而基本都以遭屠杀和迫害而告终。宦官的统治导致全国上下官员遭受无情迫害，引发满族入侵和明朝覆灭带来的全国性动乱和饥荒。假如这项研究具有某种意义的话，其中最具寓意的是，学者们试图坚持政治清洗的活动是徒劳的，除非当时出现对人权的合法保护政策。因为当成千上万的学者们面对囚禁和死亡的威胁而坚持他们认为的真理和公正，并把群起和义愤的国民联合起来形成一致的舆论时，只要某位宦官在皇帝面前假惺惺地洒几滴眼泪，他们的这些努力就可能毫无结果。

由于御史监察制所呈现的特点并没有在西方政府的政体中出现，而且它是在古代中国独裁的政权下实现通常由现代新闻界来履行的公众批判职能，所以我们将抓住这个机会来审视它的一些特点。这样做是非常合适的，因为这个时期皇家审查活动日益增加，而且观察和研究任何制度的唯一有效方法就是在其运作过程中进行，而不是仅仅分析和重复当时存在的有关理论。[1]朝廷御史官员实际上等同于现代的时事评论员，他们的弹劾和请愿活动可能被认为是人民心声的表达，或者正如我们所说，在古代中国，他们就是“天子之耳目”。

支撑这一监察制度的是政府某些重要的民主原则，这是西方观察者有时会忽略的。的确，古代中国的国体绝对属于专制政权，我们没有选举制和议会制，也没有任何近似自治政府的现代体制。然而，中国学者和哲学家们很早就作出这样的论断：政府以人民的良好愿望为基础，当朝廷失去这种基础的时候，它濒临覆灭就为时不远了。当一代朝廷灭亡的时候，我们说天命已经从一个统治王朝转移到另一个王朝，但这种所谓的天命或天意只能从人民的呼声中得以传达。公元前 12 世纪周朝的武王在他的宣言中说：“天视自我民视，天听自我民听”[2]。到公元前 5 世纪，这种民主原则在孟子的论述中得到发展，他引用这种说法，并增加了一点，即“民为贵，社稷次之，君为轻”。这种哲理在整个中国历史上成为一个普遍信条，而这种共识的信条体现在这样的原则中：当“表达意见的途径（人民舆论）”通畅的时候，政府往往被认为是一个称职的好政府；而当言路堵塞的时候，皇帝就没有了解国情和舆论的真正通道，下情不能上达，政府就濒临覆灭的境地。

这些表达意见的途径在汉语中称为“言路”，在中国历史上，与之密切相关的是“言官”，即朝廷监察制度中的御史。对于这些言官或御史来说，他们的职能并非是政府运作的某个部门，而是以言论或批评的方式来使朝廷符合一个好政府的标准。正像我们所指出的

---

① 参见高一涵：《中国御史制度之沿革》（商务印书馆）。

② 《尚书·泰誓（中）》。

那样，作为“天子之耳目”，他们的职责就是关注天子朝政中的每一个错误，包括皇帝自己的行为，而遇到腐败官员的时候就弹劾他们并对其量刑提出建议。因此，御史监察制度不是对于新闻或人民的审查，而是对于政府和皇帝本人的审查。在中国有关政府的理论中，建立政府审查制度旨在将其作为政府机构中的清洗器，不断修正它的错误并防止政体弊端的发生。

然而，中国政治哲学家所无法提供的是这些朝廷御史的豁免权，即西方国家最高法院所具有的仲裁意义上的豁免权。这些御史的职责之一就是，在必要的时候揭发所有朝廷官员的罪行，包括从皇帝到最低的朝廷官员，甚至成为他们的敌人。同时，他们还有责任当面禀告皇帝，如他的有些做法目光短浅、他被一些谄媚的官员所蒙蔽或者他本人没有尽职等。如果不对这个御史加以法律上的保护的话，他就不可能做到这一切。当然，社会上总会出现支持公开发表言论的舆论，并尊重这些独立的意见，但是从法律的角度来讲，他们总是遭遇罚款、降职、囚禁、流放甚至处死等惩罚。很难想象，一个人面对这样的苦差事怎么会愿意做帝王的御史，就如同难以想象一个人如何会因吃碗米饭的好处而敢于冒着被射死的危险和代价去参军一样。但是，历史上确实存在这样的雇佣军人和愿意做御史的中国学者。我认为，大多数服役的军人在没有战事的和平时期也在不断地训练，他们擦亮刺刀而不做什么特殊的事情，但我相信他们时刻都准备着为国效力；当战争爆发的时候，责任感和正义感驱使他们心甘情愿地走上前线为国牺牲。或许很多中国御史在和平时期也从事这份工作，他们可能会碰上一个执政为民的好政府；但当政府堕落成为一个腐败政府的时候，有些御史就沦为卖身求荣的政客，可是天下兴亡的责任感总会驱使另外一些御史讲出自己的心声并真正发挥批判和监督政府的功能。于是，他们就开始草拟弹劾书或者面奏皇上，就像士兵勇敢地走向战场一样。

因此，观察朝廷监察制度的运作是非常有趣的事情，就像观看一场罗马式格斗一样，而中国朝廷御史在发展的顶峰时期经常置身于类似罗马角斗士的角色。这种体制的运作有几个特点值得关注：首先，中国御史具有前仆后继、继往开来的传统，即当先驱们倒下时，后来者会义无反顾地冲上去。当先行者未能完成他们的任务时，御史们就会联名结社进行请愿和抗议活动。有时候，如果第一个呈交请愿书的人还活着的话，之后他就会接连六七次甚至十四五次连续请愿；有时候，当请愿发起者被囚禁或者被投进监狱时，其他御史或学士就会设法营救他，英勇地接受同样的惩处。例如，我们首先可以回顾一下发生在1519年3月明朝正德年间的历史事件，当皇帝决定离开北京南下巡游的时候，他遭到来自包括御史在内的不同官员所呈交的系列请愿书的围攻，尽管当时已经有很多人为此遭受过各种各样的惩罚。这次请愿活动第一次由2名御史发起，第二次有7个人跟进，然后有另外3个人发起第三次抗议活动，第四次有14个人，第五次有53个人，第六次有16个人，第七次有16个人，第八次有10个人，第九次有20个人，而第十次有更多的人参与——但皇帝最终还是坚持要南下巡游。[①] 在这些递交请愿书的人当中，有些被监禁，有些被流放，有些被处以鞭笞或者跪地的惩罚，还有11人被处死。另一件是在嘉靖统治时期，皇帝试图封自己的父亲而非先皇叔父为“太上皇”，而在正式宣布之前就接到大约30封表示抗议的请愿书[②]。

这些请愿活动或者御史的备忘录所导致的结果是可以想象的。当皇帝是一位开明君主的时候，他就不需要很多的御史；而当皇帝是一个昏君的时候，把他纳入正确的为政之道就是一项“对牛弹琴”

---

① 赵翼：《廿二史札记》卷三十四“正德中谏南巡受杖百官”条；《明纪》卷一七四，第189页。

② 赵翼：《廿二史札记》卷三十四“成化嘉靖中百官伏阙争礼凡两次”条。

式的徒劳工作，就像遇到醉鬼一样。当一个人没有饮酒的时候，他根本不需要救世军[1]的帮助；而当一个人饮酒的时候，救世军也对他失去了作用。任何喝醉酒的人都不喜欢被劝诫，他们更喜欢自由，就像没有女醉鬼喜欢住在基督教女青年会旅馆（Y. W. C. A. Hostel）一样，她们更喜欢睡在公园外边。而当皇帝刚好是一个醉汉的时候，他就碰巧具有同样的酗酒哲学，万历皇帝就是如此。在他统治期间，所有的刑罚都可以施加在御史身上，他们可能被罚款，其薪水可能被暂停发放六个月，他们也可能被鞭笞、流放或者投进监狱。

奇怪的是，当朝廷行为腐败到足以引发公开和无畏的批判时，总是会出现这样的情况：愤怒的御史或者其他官员冒着自身被惩处的危险来揭发这些腐败现象。例如，我们有这样的案例，在正德皇帝统治时期（1506—1521），一个叫蒋钦的爱国者就为揭发奸臣而自愿死于宫廷之上。一天，蒋钦弹劾有权有势的宦官刘瑾，却被鞭笞了30次；他再次请愿，又被鞭笞30次；当他在夜间草拟第三封请愿书的时候，他听到了一个鬼魂的哀鸣声，这个声音似乎在暗示他，他的祖先正在乞求他放弃，但他对自己说："业已委身，义不得顾私，使缄默负国为先人羞，不孝孰甚!"，"死即死，此稿不可易也!"[2]。最后他还是把这份请愿书交了上去，结果遇害。这种大义凛然的精神在许天锡身上也有体现，他采用"尸谏"的方法来请愿。由于预料到请愿后可能被处死，因而他径直走上公堂击鼓，然后当场上吊自尽。他给家人留下一封请愿书，并嘱咐他们在他死后把这封请愿书呈交给皇帝[3]。此外，在专权宰相严嵩统治时期，英勇的学

---

① 救世军（the Salvation Army）是一个成立于1865年的基督教教派，以街头布道和从事慈善活动、社会服务著称。——译注

② 《明史》卷一八八《明纪·蒋钦传》。

③ 赵翼：《廿二史札记》卷三十四"明言路习气先后不同"条。

者杨继盛和其他学者由于弹劾他而被杀，之后，大约 20 多名学者又发起一连串的弹劾活动，而他们都被鞭笞、流放或者处死[①]。在嘉靖统治时期，一位学者遭遇的不是鞭笞而是在监狱中度过了 18 年，因为嘉靖认为，鞭笞的处罚不足以阻止这些学者们反对自己。

假如研究了这些学者们生活的政治背景和时代条件，我们就有可能理解这些殉道者们就算面临死亡威胁也要对政府进行批判的精神实质了。这些弹劾活动真正揭露了政府的腐败，发挥了当代新闻所应有的作用。因此，在上述例子中，蒋钦为了弹劾刘瑾这位以卖官鬻爵和败坏朝纲而臭名昭著的宦官，在第三次请愿活动中心甘情愿地面对死亡。他在请愿书中说，刘瑾“索天下三司官贿，人千金，甚有至五千金者”[②]。我们有证据表明，当时必须交付 2 万两银子才能获得一个朝廷御史的职位。据记载，这位宦官的腐败行为被揭发后，其财产被没收，人们估算出他拥有约 250 万两黄金和 500 万两白银，另外还有数不尽的珠宝首饰，这些都是他在任职六七年期间收受贿赂所得[③]。再者，宰相严嵩被没收财产时，人们发现他拥有 3 万两黄金和 200 多万两白银，外加无数的珠宝和珍贵的艺术收藏品等[④]。严嵩的儿子同样以横征暴敛而臭名昭著，据说这位公子和他老婆曾经在地窖中囤积大量的金银珠宝，而后以 100 万两为一个单位熔铸成金砖藏在地窖中。据估计，他们共有超过 12 块这样的金砖，而这一切都是背着他们的宰相父亲暗地进行的。有一天，当严嵩发现这个秘密之后，他并没有对此表示异议，只是轻描淡写地提醒说，囤积这么多财产可能会招来厄运和灾难。严嵩通过公开收受贿赂和以固定的价位卖官鬻爵积累财富的行为遭到很多学者的反对。沈炼

① 赵翼:《廿二史札记》卷三十四“明言路习气先后不同”条。
② 《明史》卷一八八《明纪·蒋钦传》。
③ 赵翼:《廿二史札记》卷三十五“明宦官”条。
④ 同上。

向皇帝弹劾这种敛财的做法时指出，如果这样，所有朝廷官员甚至包括县官的职务都可能通过定价买卖的形式来获得。结果，他因此被处以死刑。杨继盛也因反对买官卖官的做法而被害，他说："……文武迁擢，不论可否，但问赂之多寡。将弁贿嵩，不得不朘削士卒；……有司贿嵩，不得不掊克百姓。"正是这种国家态势迫使其他官员接连请愿，当时两个首先递交弹劾书的请愿者都被折磨和暗杀。王崇茂上奏皇帝说，国库中的银两不足以支付一年的边疆军事开支，而严嵩的私人财产就足以支付几年的军事开支，他建议："与其开卖官爵之令，何如籍其家以纾患？"①

喜剧与悲剧往往交叉并存，这种故事也有其轻松的一面，因为我们从中看到了御史和皇帝之间喜剧性的博弈过程。例如，在嘉靖统治时期，发生过几次反对皇帝宠臣的弹劾请愿活动，皇帝曾多次巧妙地暗示，说他愿意宽大地对待自己的宠臣。然而御史并不接受他的暗示，反而有意严肃控告并要求对宠臣施以严厉的刑罚。在后来的万历年间，御史和皇帝之间在"正储"即关于册立太子的问题上进行了长达16年之久的争论。当时的皇后没有子嗣，皇帝的另外三位妃子都有皇子，而最年长的皇子碰巧是由最年老的且不受皇帝宠幸的妃子所生，小皇子则是皇帝最喜爱的妃子的儿子。大臣们坚持认为，皇帝应该立最年长的皇子为太子，但被皇帝否决。御史和其他大臣们就此问题发起的请愿活动一直持续着，在1586年、1587年、1588年、1591年、1592年、1593年、1594年、1600年和1601年，这一话题在请愿中反复被提及。然而，这个顽固的皇帝却一直以游戏的态度对待这件事，他以各种不同的方式来惩罚这些请愿者，似乎在享受这种游戏式的博弈过程。于是在1586年、1590年和1600年，他就像一个淘气的孩子一样再三地重复说，假如大臣们都

① 赵翼：《廿二史札记》卷三十五"明宦官"条。

缄口不言的话，他将宣告谁被立为太子，但是假如他们继续递交请愿书并试图劝服他的话，他将永不公布太子的册立消息，看大臣们怎么办。1590 年，他说假如有人敢再提及这个话题的话，他将把这个议题延迟到长子 15 岁时再来解决；1591 年，他说既然大臣们给他施加了压力，他将故意延迟册立太子的时间；1600 年，他又说他宁愿大臣们再也不要提及这个话题。最后，全国上下都知道他还是想要根据自己的意志册立太子。对于大臣们来说，他们似乎以向皇帝提出建议和递交奏折为乐，并倾向于将这种游戏持续进行下去，直到皇帝屈服。这样的游戏继续演绎着，结果，正像大臣钱一本在 1593 年所言：

前者有旨，不许诸司激扰，愈致迟延，非陛下预设机阱，以御天下言者乎？使届期无一人言及，则佯为不知，以冀其迟延；有一人言及，则御之曰“此来激扰我也”，改迟一年；明年又一人言及，则又曰“此又来激扰我也”，又改二三年，必使天下无一人敢言而后已。庶几依违迁就，以全其衽席昵爱之私。①

在天下太平或者出现勤政皇帝的时候，这些御史就具有了相对独立的表达自由，而传统的约束力也是他们无形的护身符。御史和皇帝之间的这种争斗游戏随时有可能发生，因为他们都具有某种程度的独立权，而且官员迁升或贬谪过程中的“猫腻”和玄机完全落在这些御史和吏部官员的手上。皇帝本人亲自掌握这种玄机和程序显然是不可能的，而假如御史把事实完全弄清楚的话，皇帝为了自身的面子无论如何也要进行公正的裁决和处理的。而除了大御史之外，围绕朝廷的还有很多小御史，他们组成了朝廷的机要秘书，即

① 《明史》卷二三一《钱一本传》。——译注

"六科"，其职责是处理所有官员的奏章。根据明朝的法律，这些官员具有"封还上谕"的权力，也就是说他们可以将手中即将颁布的圣旨返还给皇上，提出批评或修正的建议。历史上，这些御史实施过多次"封还上谕"的权力。例如，嘉靖年间，皇帝为上赠生父尊号一事与群臣发生争执时御史们就行使了这一权力；1592 年，一个御史将判决另一名御史刑罚的圣旨做了封还上谕的处理；1601 年，一位官员把指示拖延太子加冕仪式的圣旨封还奏报。御史可以封还上谕，还可以掌握大臣升迁或贬谪的事实，自然给予他们极大的体面和权威，而且除了御史与有权势的宦官发生直接冲突的案例外，他们通常并不会被施以严厉的刑罚，因此，他们往往成为宦官随时想要除掉的心头大患。有时候，担任御史的是知名学者或者位高权重的官员，当他们的建议没有被皇帝采纳时，他们就会自动隐退或者告老还乡以示抗议。皇帝是挽留他们还是同意他们辞职，这完全取决于皇帝当时的心情或者这位官员的威信。

然而，万历皇帝的无为而治及其对待御史建议的冷漠态度，以及他执政 18 年之后不再上朝处理国家事务，这些都促使御史和当朝大臣之间发生正面的冲突。这种冲突反过来又促进了党派势力的形成，在党派成长的过程中，无锡的东林书院兴起了一场政治批判运动。既然皇帝不亲自参与朝廷事务的处理，那么，当朝大臣之间就展开了一场自由的争斗。张居正做宰相期间，在御史恐吓和玩弄朝政之后出现了这样的情形：当时的朝廷大臣与御史和吏部官员之间不断地争吵，吏部官员后来被迫辞官引退并加入东林书院从事批判朝廷的活动。这群学者始终保持一种激进的批评态度，旨在清除政治病毒，而他们的直言攻击自然树立了很多敌人，这些敌人又结成不同的反对派系。

整体而言，我们可以说，正是东林党领袖们开启了清除吏部裙带关系之先河。这是由高官赵南星及其朋友顾宪成发起的一场值得称道的运动。这些学者们首先通过解除他们自己侄子的职务来发起改革，并试图建立基于品德而非血缘关系的文官制度。因为他们甘愿解除自己侄子的职务，所以，他们就能够平等地坚持解除宦官及其他高官的亲戚和亲信的职务，其中包括宰相本人的门徒。正如运动的发起人顾宪成所指出的那样，在这场“君子”和“小人”之间的斗争中，他们的政策导致了政治宗派的形成，这是十分自然的事情。但是，有些人却乘机提出一种十分荒诞的论断，即应该“对明朝覆灭负责”的是这些学者，而不是那些腐败的宦官和厚颜无耻的御用文人。在几年的时间里，这些正直的大臣们都纷纷沮丧地离开官场。就是在这个时候，东林党领袖顾宪成和宰相王锡爵之间发生了这样一次对话：

“当今所最怪者，庙堂之是非，天下必欲反之。”

王锡爵对顾宪成说。

“吾见天下之是非，庙堂必欲反之耳！”

顾宪成毫不退让地反驳说。

顾宪成是那些大臣中最后一个离开朝廷的。1594 年他退休后开始在东林书院讲学，由他组织发起的政治批判运动持续了近半个世纪，直到明朝灭亡。鉴于顾宪成和东林党其他三四位领导人的极高声誉，全国的学者和维护该事业的官员云集东林书院并以讲学的形式开启了政治批判的风尚。顾宪成和其他几位东林党领导人在学者中间树立起极高的威望。因此，东林书院成为令反对党心惊胆战的舆论中心。

与此相呼应，早期“邸报”也曾经发挥了舆论导向的作用。一个叫李三才的大臣非常有才能，他曾经通过铲除某一地区的匪徒、减免饥荒时期的捐税和有效地对付飞扬跋扈的矿监税使而树立了很高的威望。东林党学者为他卓越的政绩请求朝廷的奖励，而反对派则反对他们的请求，因此，尽管此事并不复杂，却拖延了几年。期间，李三才既没有确定的职务，也没有确定离职，这也是皇帝碌碌无为所导致的结果。这样，李三才的任免问题就成为1609年东林党和反对派之间争论的中心话题。东林党领导人顾宪成为此给宰相写了一封信，高度称赞李三才的政绩，一位御史十分同情顾宪成，就在“邸报”上发表了这封信，此事引起了很大的轰动。

在整个中国历史上，东林学者遭遇了最骇人听闻的迫害，因为他们不幸地撞到了当时的大宦官魏忠贤。他们弹劾这个大宦官，结果却落得结党营私的罪名而受到迫害。但是众所周知，他们组成的党派并非现代意义上的政党，他们所从事的事业仅仅是批评腐败的官员和抨击黑暗的时政，他们在当时团结起来也只是为了共同对付宦官。

虽然他们所批判的对象受到的惩罚及在批判过程中导致的反对派的分裂等，与他们之后不得不为此所受的惩罚比起来，都是一些微不足道的事情，但是这些案例将有助于说明这场批判的本质——它们甚至就是现代新闻事业所关注的话题。除了已经提及的册封太子的案例外，还有其他案例：其中一个是揭露吏部殿试中的作弊问题，首辅翟銮的儿子涉入其中；一个是关于对熊廷弼大将军过失的量刑是否公正的争论；另外三个更为著名的案例都发生在宫廷，一个是关于谋杀太子的案件，一个是涉及一位幼帝的神秘死亡案件，一个则是关于一位皇帝的妾妃试图发起宫廷政变篡夺皇位的案件。这些案例都神秘莫测，考验了所有大臣的才智，并引发了很多猜想和评论。通过这些案例可以发现，东林党所采取的态度后来被证明是正确的，而只要拥有权力，他们确实会有助于维护关涉真理和公正的舆论风尚。

与宫廷有关的三个案例中的第一个“梃击案”是关于一个名叫张差的农民的故事。一天，张差拿着一条枣木棍冲进太子的寝宫要谋杀太子。据说，万历皇帝从来就不重视这个太子，他宠幸另一个妃子，总是想着把她的孩子立为太子。因此，对于这个农民的审判就拖延了很多年，其中充满了神秘。起初，这个农民被判定为神志不清，但无畏的御史要求对此案重新审判并进行刑部会审，因为御史通常具有与高等法院平起平坐的权力。然而，就我们从当代“记录”的史实中来辨认，这个人并不是疯子，恰恰相反，他可能就是皇帝最宠幸的妃子郑贵妃及其同党谋杀太子案件中的杀手。事实的暴露自然把皇帝的爱妃置于尴尬的境地，而事情的最终结果是由皇帝亲自出面，在皇宫内秘密地处死这个农民和见证了此案的两名当差宦官。但这个案例只能用来引证公众对于皇帝爱妃罪恶的怀疑。

第二个神秘案例叫做“红丸案”。那位年幼的皇帝——泰昌皇帝登基后仅仅四天就患了病，腹泻不止。一位御医为幼帝开了处方并拿了药，但他的病情却越发严重，以至于他很快就开始准备遗嘱了。就在这个时候，一位方士被推荐来医治皇上的病。一天上午，他给皇上吃了一粒红丸子，皇上似乎感觉好了很多，下午他又给皇上吃了一粒红丸子。然后，这位方士就离开了皇宫，而第二天一早泰昌皇帝就神秘地死去了。

第三个案例是“移宫案”，它是关于皇帝的妃子李选侍试图篡夺新登基皇上（天启）权力的案例。有一段时间，新皇帝一直被隐藏在皇宫的某个地方，大臣们就发起了抗议“隐藏新皇帝”的运动。当时，幼帝还是一个 16 岁的孩子，先帝的爱妃试图树立自己的影响，控制幼帝，从而成为皇太后。她搬进了通常是皇帝才可以居住的宫殿里，而把皇帝幽禁在另一个寝宫中。这样，想面奏皇上的大臣就必须穿过她的寝宫。于是，几位大臣上书请愿，要求这个贵妃从皇帝的宫殿中搬出去，他们采取了强硬的态度向贵妃施压，最终使她屈服。当时，围绕大臣们是否有权力如此干涉皇室成员生活的问题还发生了一场讨论，包括东林党领袖在内的很多人士认为，如果不采用这种独断的举措，这个幼帝就不可能获得权力。

但是，后来的事情证明，这样一位年幼皇帝登基对东林党学者来讲是一场毁灭性的打击。这个皇帝有一个乳母，称为客氏，而这个客氏有一个相好的，他不是别人，正是中国历史上臭名昭著的宦官魏忠贤。魏忠贤和皇帝的乳母都是文盲，但是，他们在宫廷和朝廷都建立了自己的权势①。在宫廷中，他们通过谋杀手段排除异己以壮大自己的势力，结果皇帝的四个爱妃和皇帝乳母的对手都被秘密杀害，而皇后本人也在怀孕时被魏忠贤迫害致流产。在朝廷上，他们也是通过类似的诡计建立自己的权势。曾经有成千上万的请愿书递交到朝廷，旨在反对宦官魏忠贤，但是，学者们为此受到了严厉的惩罚，以致到最后大家都放弃了斗争。这位幼帝在位的前四年，任职的东林党学者就纷纷离开了官场。这就证明，以道德约束来反对这个宦官的办法是根本无效的。这些英勇而正直的御史前赴后继地坚持斗争，但最终的胜利却属于谋杀者而非这些先驱们。魏忠贤聪明地看到了这一点，他通过无情的迫害显示了他的“独裁性格”，并成功地使所有正直的人都离开朝廷，这正如我们所说，他把“统一的中国”掌握在自己手中。一方面，东林党的敌人做好了充分的准备进行报复，他们列出了一个所谓“东林党”成员的黑名单，名单上的所有人都有标记以至于每个人都不能保住官职；另一方面，宦官集团根据所谓“真正关心国家福利”的标准列出了自己的派系名单。这都是十分正常的事情，但是，正如我们将要看到的那样，一个文盲宦官的独裁达到了如此猖狂之地步，以至于没有一个有自

① 根据中国传统习俗，皇子或者富家儿子的乳母在宫内或府中通常得到一定的尊重。在孩子长大成人之后她仍然留在皇宫或者府中。

尊的男人可以成为“真正关心国家福利”的人而留在帝都或者地方的职位上为朝廷效命。

东林学者先驱的历史构筑了一个又一个恐怖的故事，人们可以自由地想象其忍受的酷刑①。正直的大臣都被迫认罪伏法，最后被判处死刑，因为他们无法忍受所遭受的酷刑。任何敢于表示异议的人立刻就会被施以残酷的刑罚，以致被宦官的爪牙处死。而更为荒诞的是，这样残暴的大宦官在位，却能够受到所有官员的“拥护”和“称赞”。历史的逻辑教会我们，一个在全国范围内进行杀戮的人却总是会得到公众的“赞誉”。公元前后统治中国的篡位者王莽，却能够收到487 572封支持者的建议书，拥护他登基；而对于大宦官魏忠贤来讲，假如他在乎公民投票的话，获得99.98%中国人的支持率并非一件十分困难的事情。一个学者请愿说，魏忠贤应该列在全国的孔子庙宇前的供奉主位上受到膜拜，而他的父亲应该在孔子父亲的旁边得到礼拜②。还有一位宦官甚至称他“尧天舜德，至圣至神……”。只有这样唱赞歌的人才能够保住官职，而整个朝廷和地方政府都充斥着这样的官员。不久之后，浙江巡抚开始突发奇想，要在西湖旁为魏忠贤修建祠堂。这种做法是史无前例的，因为在这之前，祠堂都是为死者修建的，因此，为魏忠贤修建的祠堂被称为“生祠”。这个巡抚的做法得到全国范围内其他巡抚的效仿。这些祠堂的奢华程度仅逊色于皇宫，据称，当一座祠堂建起来时，有时候会有2 000多家的房子被拆毁，它们的建筑成本从10万美金到500万美金不等。祠堂顶部是金灿灿的黄金，内部有头戴金冠、白银质地的魏忠贤塑像。对于地方官员而言，这样的祠堂必须得修建，因为那些修建祠堂迟缓的巡抚都被杀了。到祠堂里却没有在魏忠贤的

① 参见《廿四史》，陈鼎，《东林列传》。

② 这有一位士大夫的愿望没有如期得以实现，因为他的请愿书刚好在新皇帝登基之后被递交，而新皇帝看过请愿书之后只是莞尔一笑。

塑像前下跪的人也会被杀害。魏忠贤收养或过继了很多儿孙，他们都称魏忠贤“干爹”，而把皇帝的乳母，即魏忠贤的情妇称作“干妈”。因此，当时谄媚和腐败的官员，在人民中间往往被描述为“五虎五豹十子四十孙”（即魏忠贤的养子和养孙）。正像人们习惯上对皇帝高呼“万岁”（类似于西方人说“上帝保佑”）一样，当魏忠贤经过的时候，朝廷大臣都要跪在路旁，高呼“九千岁”，而对这些礼遇，魏忠贤甚至都不抬手回应，睫毛也不眨一下。

直到明朝最后一位皇帝登基，这个庞大的宦官集团才得以铲除。魏忠贤及其心腹逐一自杀，先帝的乳母被处死，其另外一些党徒也都得到了惩处。当时的舆论认为，在魏忠贤最得宠的时候与他保持一致的大臣都不能再当权了，因为他们已经为人们所熟知和唾骂。当时，很多东林党领袖已经去世，但他们的传统被一个叫做复社的文学团体所继承。这个文学团体继承东林传统，声讨来自南京的阮大铖，并用公共传单来宣传其主张。但是，阮大铖也继承了宦官们所惯用的杀戮手段。当明朝的最后一个皇帝在北京煤山上吊自杀之后，南京的福王短期执政，这时阮大铖当权，他就大肆进行杀戮。很多有能力的将军和正直的学者由于不愿意向他提供贿赂和陷入这种小集团的内讧中而被迫害致死，明朝正走向覆灭。阮大铖是第一个向清军投降的人，他跟随清军作战并占领了福建，直到有一天他从一块大石头上摔下来，跌死在路旁。而东林党传统的继承者要么死在原地，要么徒劳地与清军对抗，要么削发为僧隐居山中。这就说明当缺乏法律和民权保护时，公众批判是多么的徒劳和无效……不然，就是宦官的势力比宪法还厉害；在独裁制和民主制之间的争斗中，宪章不是独裁者刺刀的对手，而独裁者总是“从已经腐烂的民主尸体旁”走向傲慢的“九千岁”。

第二部分　现代时期

第八章　现代报纸的开端（1815—1895）

上述有关中国报业和舆情史的研究有助于我们确信：如果遇到合适的社会政治环境，古代中国的政治批判精神会在将来的某一天复兴并成为现代新闻业的民主力量。提起真正大众化的报业，可以说古代任何朝代都没有产生大众化报纸，有的只是在皇宫和省府内专门为仕途阶层出版的官方报纸。这种官方报纸在宋代就已经在学者们中间广为传阅，到明朝和清朝，可能更多的读书人会阅读这种报纸①。16 世纪以来，活字印刷已经开始运用②，而且官方的邮递系统③也已经用来运送这种官方报纸或者军火。到清朝中期，独立的商业报馆已经发展起来。这些报馆每天都会指派代理人到宫廷誊抄新闻，并将这些报纸向大众销售来赚取利润。据悉，在 19 世纪已经存在两种日报，一个版本在晚间出版，主要刊登重大新闻的摘要；另一个版本在午夜出版，刊登深度报道。这两种报纸通常都采用陶制活字印刷，印刷质量还很粗劣。《京报》是在全国发行的报纸，10 文钱或者 1 个铜钱一份。《京报》在京城还额外发行《宫门抄》或者《朝报》，订阅价格是每月 200 文钱；在省府有《辕门抄》，或者叫“来自总督衙门的条报”。这类在地方发行的报纸，除了引用《京报》的报道之外，还刊登地方新闻。官方邮政体系隶属于军机处，因此非常缺乏效率。当时也有私人创办的报纸，如《良乡报》

---

① 参见第二章。

② 参考当代文献顾炎武：《亭林文集》第 3 卷，第 15 页。

③ 参见第二章。

在北京近郊良乡出版，由于这种报纸自行设置一种更加有效的发行方式，所以省府的官员们更愿意每月交付 3 000 ~ 5 000 文钱来订阅这种报纸。当时的信使就同时充当了个人邮递员的角色①。

面向大众编辑和发行的现代报纸发端于 19 世纪初，这在很大程度上得力于早期来华的西方传教士的努力。像西方的基督教医院一样，现代报刊是作为传播知识和传教活动中一个重要而有影响的任务来出版的。这些教会报纸是在具备一定条件的基础上形成的。首先，基督教传教士之前就拥有现成的西方报刊的示范，他们非常欣赏其宣传价值，而且他们还拥有现代的印刷设备和技能。其次，诸如马礼逊（Robert Morrison）和麦都思（Walter Henry Medhurst）等富有远见的传教士，他们具备与生俱来的文学头脑，自然毕生从事于著述而非传道。除此之外，他们认为自己还具有一项长期的任务。马礼逊、麦都思、林乐知（Young J. Allen）和李提摩太（Timothy Richard）等以一种博大的精神来从事基督教的布道，把它诠释到唤醒中国人并把现代科学知识引进到中国来的高度上。现在回顾 19 世纪西方传教士的工作，似乎最值得称道的部分就是把现代科学知识传播到中国来，而这种现代科学知识在中国的传播对于打破旧秩序具有非常重大的作用。在以下的研究中，这个事实会得到十分清晰的阐释。

传教士报刊肇始于月刊和半月刊，到了 19 世纪中期，中国才开始出版发行日报。中国新闻事业的发展可以简单地划分为三个阶段：现代新闻的开端（1815—1895）、辛亥革命前新闻时期（1895—1911）和辛亥革命后新闻时期（从 1912 年至今）。在关于中国现代新闻事业的调查过程中，我很幸运地得到了该领域中两位德高望重的先驱的研究成果：戈公振的《中国报学史》，这本专著于 1926 年

① 参考 18 世纪 20 年代小说《儿女英雄传》中的邮政系统。

用中文撰写完成，1927 年出版，现在已经出版了第四版[①]；白瑞华（Roswell S. Britton）的《中国报纸（1800—1912）》（*The Chinese Periodical Press,1800—1912*），这本书于 1931 年用英语撰写而成，并于 1933 年出版[②]。这两位都是新闻领域中勤奋而卓著的学者。戈公振的著作蕴涵着多年的辛勤劳动，其中涵盖了大量珍贵的材料，包括很多早期报刊的印版和重要文献的复制本。白瑞华的著作除了充分利用戈公振著作中的历史知识之外，他还根据很多早期报刊研究的第一手材料展开自己的研究；由于白瑞华对于这些材料的热情和投入，他扩展并考证了戈公振的相关研究，尤其是关于传教士记者的活动；白瑞华的著作还包含了保存在国外博物馆内早期报刊的 24 个临摹品印版。这里完全没有必要重复他们研究成果的细节，除了引用他们著作中某些有用的图表作为参考之外，我将主要把自己的研究限定在宏观发展的视野上。这些都体现在本书第八章、第九章和第十章中。

在 19 世纪上半叶，中加新闻界的领军人物是米怜（William Milne）、马礼逊、郭士立（Charles Friedrich August Gutzlaff）[③]、理雅各（James Legge）等，其中最活跃的当属麦都思。19 世纪下半叶，在中国的主要外国传教士兼记者，包括汉学研究方面的人士奚礼尔（Charles Batten Hillier）、伟烈亚力（Alexander Wylie）、艾约瑟（Joseph Edikins）、李提摩太和林乐知等。有些外国传教士与中国搭档一起工作，其中最为著名的是马礼逊和梁发、理雅各与王韬、林乐知与蔡尔康。王韬本人作为具有创新思想的著名学者，可以说是中国新闻记者的先驱。在 19 世纪 60 年代和 70 年代，中国报纸在几个海归学者的领导下开始兴盛起来，他们是伍廷芳和容闳。

---

① 上海，商务印书馆。

② 上海，别发洋行（Kelly & Walsh，Ltd.）；1966 年台北成文出版社再版。

③ 又译为郭实腊（士纳）。——译注

发起禁烟运动的钦差大臣林则徐是第一个关注西方报刊的中国官员。他和同僚——清朝另一位具有独立思想的重要学者魏源曾经建议，将外国报刊的翻译稿作为扩大中国学者视野的途径。1872 年，中国影响最大的现代报纸《申报》创刊，至今已经 60 多年了。1893 年，《申报》的竞争对手——另一家大型日报《新闻报》创刊。1895 年的中日甲午战争以中国的惨败而告终，这成为引发中国人觉醒的导火索。这件事对中国人民而言十分重要，它促使中国报刊开始倡导大规模的社会改革和政治改革，从而开创了中国新闻事业的新阶段。从真正的意义上来讲，1911 年的辛亥革命是作者们用血的代价以这些报刊为载体进行政治鼓动和宣传的结果。1895 年到 1911 年这个时段可以说是中国新闻事业的“黄金时期”。尽管共和国时期报刊总发行量有所增加，而且由于物质条件发展促使了技术进步，但当时的报刊质量还不能与现代报纸相比。只要涉及现代新闻事业的真正价值和意义，作为人民喉舌的中国报业的发展就显得十分缓慢。这首先归咎于袁世凯政权，其次归因于 1927 年之后的特殊政治环境。作为人民的喉舌，中国今天的新闻事业甚至不能与公元前 2 世纪的政治评论相比。

这里简单地列举中国新闻发展史上的一系列重要事件。第一份用中文出版的中国月刊是《察世俗每月统记传》，由米怜于 1815 年 8 月 6 日[①]在马六甲创刊。在中国境内出版的第一份中文月刊是《东西洋考每月统记传》，由郭士立于 1833 年在广东创刊。第一份中文日报是《中外新报》，它是香港英文报纸《德臣报》(*China Mail*)

① 根据米怜《新教在华传教前十年回顾》(*A Retrospect of the First Ten Years of the Protestant Mission to Chinese*)(第 154 页)，《察世俗每月统记传》(*Chinese Monthly Magazine*)的出版日期应为 1815 年 8 月 5 日。它是最早的中文近代报刊。——译注

的中文版[①]，于1858年在伍廷芳的主持下创刊。生存时间最长的中文日报是《华字日报》，于1864年在香港创刊。第一份中国人自己拥有所有权的日报是《昭文新报》，于1873年在汉口创刊。生存时间最长的中国人自办报纸是王韬创刊的《循环日报》。上海最早的中文日报是《字林西报》（*North-China Daily News*）的附属中文报《上海新报》，这家短命的报纸创刊于1862年[②]。

《察世俗每月统记传》是米怜和马礼逊在梁发的帮助下创办的，梁发是国内第一位基督教牧师。作为汉学的先驱，马礼逊除了编辑报纸之外，还进行《新约全书》的翻译工作，同时编纂第一本汉英词典，这本词典现在已很难找到了。为了翻译书稿，马礼逊必须烧铸模版，他因此安排米怜和一位中国排字工人在中国版图之外的马六甲出版并发行杂志。显然，中国当时仍然没有期刊市场，这本杂志由梁发本人亲自带到广州来发行，免费向在广州参加科举考试的中国学子发放，同时发放其他宗教传单。不过，这种报刊的发行量很快就上升到2 000份，在华南地区和包括暹罗、安南地区[③]和马来

---

① 白瑞华认为《中外新报》是《孖剌报》的中文版，我这里采用了戈公振《中国报学史》的说法。

林语堂的这个说法存在问题。戈公振在《中国报学史》中把《孖剌报》和《德臣报》混淆，林语堂沿袭了戈公振的错误说法。复旦大学宁树藩教授指出，“林语堂于1936年出版的《中国报刊和舆论史》一书关于香港早期中文报纸的简略介绍，完全依据戈公振的《中国报学史》，其错误可想而知……林语堂却起而声称不同意白瑞华的意见，已经到了盲从的程度了。”（卓南生：《中国近代报业发展史（1815—1874）》，中国社会科学出版社2002年版，第251页）。白瑞华的说法是正确的［参见白瑞华《中国报纸（1800—1912）》（*The Chinese Periodical Press, 1800—1912*）台北成文出版社1966年版，第45～47页、第48～49页］。卓南生先生则认为，创刊于1857年11月的《孖剌报》中文版《香港船头货价纸》是第一份中国近代中文报纸（卓南生：《中国近代报业发展史（1815—1874）》，中国社会科学出版社2002年版，第99～115页）］。——译注

② 根据卓南生《中国近代报业发展史（1815—1874）》（中国社会科学出版社2002年版，第179～201页）和白瑞华《中国报纸（1800—1912）》（*The Chinese Preiodical Press, 1800—1912*，台北成文出版社1966年版，第49～50页），《上海新报》于1861年11月创刊，而非1862年。这家报纸并非“短命”，一直出版到同治十一年十二月二十日（1873年1月18日）。期间，它曾与《申报》展开竞争。——译注

③ 暹罗，即今天的泰国；安南，即今天越南长山山脉地区。

半岛等海外地区发行。

《中国丛报》（*The Chinese Repository*）第二卷第234～236页有关于《察世俗每月统计传》的记载，其中记录了杂志的编辑政策和内容等方面的有趣细节：

> 米怜博士刚在马六甲安顿下来，就开始着手创办“一种中文报刊”，并坚持出版直到1822年去世。报刊的创刊号于1815年8月5日出版。他是一个以开拓性和自由观点来规划未来的人，并以极大的热情和细致来实施他的计划。他是一个非常善于观察的人，从了解中国人的性格和习惯中找到了很多契机；他了解中国人对他们的偏见，而且明白如何来应对这些偏见；他目睹了中国劳苦大众的苦难，为解救他们一直辛勤工作到最后……在1819年，他对于这本当时已经发行四年的杂志作出如下评论：
>
> “第一期本报文字印刷，胥不免于简陋之讥。惟积学之士，当能心知其意，而曲为之谅。记者深愿此后假以时日，俾得于中国文字研究益深，而逐渐加以改善。至本报宗旨，首在灌输知识，阐扬宗教，砥砺道德，而国家大事之足以唤醒吾人之迷惘，激发吾人之志气者，亦兼收而并蓄焉。本报虽以阐发基督教义为唯一急务，然其他各端，亦未敢视为缓图而掉以轻心。知识科学之与宗教，本相辅而行，足以促进人类之道德，又安可忽视之哉。中国人民之智力，受政治之束缚，而呻吟憔悴无以自拔者，相延迄今，二千余载，一旦欲唤起其潜伏之本能，而使之发扬蹈厉，夫岂易事？惟有抉择适当之方法，奋其全力，竭其热忱，始终不懈，庶几能挽回于万一耳。作始虽简，将毕必钜，若干人创之于前，若夫发挥光大，则后之学者责无旁贷矣。是故不揣谫陋，而率尔为之，非冒昧也，不过树之风声，为后人之先驱云尔。”
>
> “本报篇幅有限，种种资料，自不能网罗无遗；然非割弃或停止

也，将循序而为之耳。前此所载论说，多属宗教道德问题，天文轶事传记政治各端，采择甚寡。此则限于地位，致较预计为少，非本意也。

欲使本报随时改良，以引起读者之兴味，非竭教士一人半月之时间以从事于斯不为功，且须征求外来稿件，以补其不足。记者甚愿致力于是。他日国人之习华文者日多，当有佳作以光本报之篇幅，而年来最不易得者，即此项资料是也。本报发展，尚在萌芽时代，更无酬报可言。年来月印五百册，借友人通信游历船舶之便利，以销售于南洋群岛、暹罗（今泰国）、交趾支那各地华侨荟萃之区，而内地亦时有输入焉。近者改印一千册，需要大增，销路渐畅，三四年后，或能增至二千册以上，未可知也。"[①]

这里，也有必要介绍一下《东西洋考每月统记传》，因为它是第一本在中国境内出版的中文杂志。在此之前，有两本中文杂志在中国境外出版——《特选撮要每月纪闻》[②] 即"每月重要纪闻"和《天下新闻》。前者于1823—1826年在巴达维亚出版，后者于1828—1829年在马六甲出版。《东西洋考年月统记传》的创办者和编辑郭士立当时为荷兰传教会工作，他与暹罗的一个中国家庭生活在一起，已经成为地道的"中国通"。这份月刊旨在"宣扬西方文明"，介绍有关西方天文学、地理和机械等方面的综合知识，并宣扬西方文化的高明和优越。它代表了基督教传教士利用外国的丰富知识来帮助中国文化复兴的首次努力。杂志从1833年到1837年由益智会主办，

① 摘自戈公振《中国报学史》（上海古籍出版社2003年版）的相关段落（第76～78页）。——译注

② 在伟烈亚力《基督教在华传教士纪念录》（*Memorials of Protestant Missionaries to the Chinese*，台北成文出版社1967年版，第28页）中，该报刊名为《特选撮要》（*Monthly Magazine*）。根据白瑞华《中国报纸（1800—1912）》（*The Chinese Periodical Press, 1800—1912*）插图13，该报刊名为《特选撮要每月纪传》。所以，林语堂的笔下有误。——译注

然后于1837年到1838年转到新加坡出版。郭士立和马礼逊在广州编辑杂志，而麦都思则在新加坡编辑杂志。

在中国创办新闻报刊的传教士包括很多杰出的外国汉学家先驱。这些学者已经深刻地认识到，除了给中国人民带来一种外国的宗教或者信仰之外，他们自己也不得不试图理解中国的文明，理雅各当属其中最为杰出的一个。在当时的历史条件下，出现了一些非常睿智的基督教传教士，尽管当时的形势可能是异常的，但这也不是无法解释的。早期传教士的艰辛只有那些精力充沛和富有想象力的人才能忍受。汉学研究遇到的困难可与漫长的自杀过程相比拟，而当时有勇气承担这项疯狂任务的人应具有超人的能力。这是一种充满奇异经历的工作，一个人越是努力工作，他就越具有创造性，而一个人越是企图自杀，他就越能体会活着的意义，就像很多女人一样，每生一个孩子就变得更加健壮。在中国创办报刊的传教士不仅有理雅各和马礼逊，还有其他一些外国汉学家，其中最为活跃的当属麦都思，每当一种中文传教杂志创刊时，总免不了有他的参与。麦都思曾帮助编辑《特选撮要每月纪传》、《各国消息》、《察世俗每月统记传》和《天下新闻》，同时还参与了很多其他杂志的编辑工作。在麦都思之后，奚礼尔编辑《遐迩贯珍》，理雅各也曾帮助编辑《遐迩贯珍》。而伟烈亚力则开始创办一份重要的科学杂志《六合丛谈》。艾约瑟和慕维廉（William Muirhead）帮助林乐知编辑《教会新闻》。林乐知是19世纪最后25年的风云人物。从1868年到1904年，他不辞辛苦地从事基督教的布道和向中国人民传播西方知识的工作。他于1868年创办了《教会新闻》，开始为周刊，在1875年改为月刊，并重新命名为《万国公报》。《万国公报》因宽泛而大众化的报道内容及其长久的生命力以及林乐知超凡的个人魅力而具有了非常深远的影响；1876 年，该报又增设科学增刊《实用知识杂谈》[①]。1891 年，林乐知又创办了一份教会报纸《中西教会报》。林乐知比其他人更清楚地认识到，大众化报纸的价值就在于帮助中国人扩大知识面并使他们的世界观走向现代化。这本月刊对中日战争有十分详尽而重要的记录，而且其记录以单行本出版，其合订本叫做《中东战纪本末》，被广泛阅读和传播。

正如上文指出的那样，19 世纪传教士报刊所发挥的重要作用之一是帮助传播西方国家的基本知识，特别是关于西方天文、地理、物理等自然科学知识。17 世纪的耶稣会为天文学的发展和传播作出了重要贡献。很明显，西方文明给予中国人最为深刻的印象就是，西方科学知识的优势容易被证明而不会引起争端，尤其是自然科学的各个分支。之前我们已经提到了郭士立的《中西月刊》，该杂志在这一方面作了首次努力。1857 年，伟烈亚力创办了《六合丛谈》，这是一份探讨整个宇宙的大众杂志，正如其中文名字“六合丛谈”所暗示的那样。1872 年，《中西闻见录》创刊。从某种意义上来讲，《中西闻见录》是一本严肃的科学杂志，由北京的一家医院编辑，主要致力于当代西方科技新闻的报道，刊登包括电报、玻璃、生铁制造、照片和蒸汽机等新生事物的文章。这本杂志由于讨论洪水预防的方法而深受欢迎，因为洪水泛滥在当时是一个亟须解决的问题。1876 年，该杂志更名为《格致汇编》，并迁往上海出版。当时，许多天主教杂志也纷纷创刊，《益闻录》于 1878 年在上海出版，1898 年它与另一本科学杂志《格致新闻》合并，1908 年该杂志又增加了一个科学双周刊。林乐知也在 1876 年开始出版自己主编的《万国公报》科学副刊《实用知识杂谈》，或者叫《益智新录》。林乐知几乎完全致力于传播西方的科学知识，他在唤醒中国人方面所发挥的作

① 应为《益智新录》，林著英文版将其意译为 *A Miscellany of Useful Knowledge*，此处忠实于原文翻译。——译注

用是不容忽视的。作为一个传播外国文化的使者，他帮助中国读者了解有关西方的历史、哲学和文化制度。但是从某种意义上讲，几乎当时出版的所有期刊，像奚礼尔的《遐迩贯珍》、《各国消息》和麦都思的《天下新闻》都在刊登有关西方国家的新闻和文章以及社会进步和科学发现等报道，因此，它们都对中国吸收西方文化作出了贡献。就像基督教医院一样，传播西方科学是这些基督教传教士进入中国的有力手段，而正是这些事物吸引着具有进步思想的中国读者。

伟烈亚力为《六合丛谈》所写的发刊词有趣地反映了某些传教士记者的态度和编辑政策，并说明了这些杂志内容是宗教和科学的奇特结合。我这里翻译了部分发刊词内容，以飨读者：

是书中所言天算舆图及民间事实，纤悉备载。粤稽中国载籍极博，而所纪皆陈迹也。如六经诸子三通等书，吾人皆喜泛览涉猎而获其益，因以观事度理，推陈出新，竭心思以探实略，舍旧说而创妙法，惟在乎学之勤而已。比来西人学此者，精益求精，超前轶古，启名哲未解之奥，辟造化未泄之奇，请略举其纲：一为化学，言物各有质，自能变化，精识之士，条分缕析，知有六十四元，此物未成之质也；一为察地之学，地中泥沙与石，各有层累，积无数年岁而成，细为推究，皆分先后。人类未生之际，鸿蒙甫辟之时，观此朗如明鉴，此物已成之质也；一为鸟兽草木之学，举一骨即能辨析入微，知全体形状之殊异，植群卉即能区别其类，如列国气候之不同；一为测天之学，地球一行星耳，与他行星同，远地球者为定星，定星之外，则有星气，星气之说，昔以为天空之气，近以远镜窥之，始知系恒河沙数之定星所聚而成，今之谈天者，其法较密于古，中国古时有天元求一诸法，今泰西代数最深者为微分法，以之推算天文，无不触处洞然矣；一为电气之学，天地人物之中，其气之精密流动者曰电气，发则为电，藏则隐含万物之内，昔人畏避之，以其能杀人也，今则聚为妙用，以代邮传，顷刻可通数百万里；别有重学流质数端以及听视诸学，皆穷极毫芒，精研物理。凡此地球中生成之庶汇，由于上帝所造而考察之，各理亦由于上帝所畀，故当敬事上帝，知其聪明权力无限无量。盖明其末必深其本，穷其流必溯其源也。泰西历代相传之圣经新旧约书，自开辟宇宙以迄圣子隆生，上下数千年间，治乱兴废之事，靡不悉举，读之深信不疑。浏览古今，援考史册，知圣经所言，若合符节。今于是书中，亦当详论之，以明非世人所能臆说其言。帝子耶稣，为世救主，普天之下，咸当敬畏，率土之滨，并宜尊崇，吾侪托其宇下者，自宜阐发奥旨，藉以显其荣光……

中国报刊的另一个特点是，中国最早的日报都是以外国报纸的中文版或中文专号出现于19世纪60年代，而中国当代发行量最大的两份中文报纸都是外国人创办的。1858年，最早的中文日报《中外新报》在香港创办[①]，它是《孖剌报》[②]的中文版；《德臣报》则创办中文版《华字日报》；《字林西报》先后出版中文报纸《上海新报》和《沪报》；《申报》于1872年由英国茶商美查（F. Major）创办，《时报》由德国海关税务司德璀琳（S. Detring）在天津创办，李提摩太为主编；《新闻报》一直是《申报》的竞争对手，由中外合资集团创办，而其所有权在美国人和英国人之间更替，直到1929年它的所有权才完全回到中国人手里。

从这个意义上讲，不论是传教士还是商人，可以说他们是把中国报纸作为商业组织的先驱。这是十分自然的事情，因为外国日报

① 根据白端华《中国报纸（1800—1912）》（*The Chinese Periodical Press, 1800—1912*）第39页，《中外新报》通常被认为是中国最早的现代日报，大约创办于1860年，在茹兜（George N. Ryder）报馆印刷。它是《孖剌报》的中文版。——译注

② 林语堂沿袭了戈公振《中国报学史》的错误说法，混淆了《德臣报》（*China Mail*）和《孖剌报》（*Daily Press*）。——译注

自然想把其报纸的中文版派送到中国公众手里。同时，现有的印刷设备在他们手中掌握着，而大多数印刷机也具备中文铅字印刷能力。当时的印刷机非常昂贵，一般情况下只用来印刷报纸，而印刷书籍或者小册子只是额外的工作。伍廷芳是中国驻华盛顿的首任大使，因为看到了中文铅字闲置在印刷机上，他建议创办《孖剌报》的中文版，并安排《孖剌报》报社完成设计中国报纸的印刷设备。《中外新报》完全由中国人编辑和经营，而作为对这种免费印刷服务的回报，香港的外国商人可免费在这张报纸上刊登广告。《沪报》的创办也是因为同样的缘故，巴尔福（Frederick Henry Balfour）看到《字林西报》报社印刷机上的中文铅字闲置着，所以建议创办其中文版。这些中文铅字是原来的《上海新报》停刊之后遗留下来的。

美查于 1872 年 4 月 30 日创办了纯粹的商业报纸《申报》。美查一开始经营茶叶生意，后来把注意力转向中文出版并将其作为副业。他不仅创办了《申报》，还建立了点石斋印书局（以印刷《点石斋画报》而著名）、图书集成印书局（曾以活字重新印刷《古今图书集成》）、申昌书局、燧昌火柴厂和江苏药水厂。所以，不能说美查是出于文化动机而创办了《申报》。但是，作为一个有远见的商人，美查认识到，中国的报纸应该完全从所有宣传动机中分离出来；报纸应该为中国民众而编辑，给他们提供想知晓的任何新闻而不是别的。《申报》正是依靠这种商业化、非宣传的特征才生存下来，直到今天。回到家乡后，美查于 1877 年把报纸的所有权转让给一个有限公司。1906 年，《申报》被转卖给一个报纸买办的儿子，但为求得庇护名义上仍然是外国人所有。1911 年，《申报》又被卖给了史量才，这时它已经彻底变成了一家中文报纸。史量才毕生致力于经营这份报纸，直到 1934 年 10 月 13 日被暗杀。现在，这份报纸的所有权仍保留在史家人手上。

19 世纪 70 年代在创办中文报纸的外国开拓者之后，中国人开始创办自己的报纸。《昭文新报》于1873年在汉口创办，但很快就停刊了。1874年，在广东地区，中国人又创办了两份报纸。作为中国记者的先行者，王韬创办了《循环日报》，且一直出版到今天。可以说，是命运把王韬引入了记者的生涯，他曾经给太平军领导人递交过备忘录之类的书信。当时的太平军运动正如火如荼地进行，但是在起义失败之后，他不得不逃到香港避难。在香港，他与理雅各取得联系，由于他深厚的中文学识，很快成为深受信任的中国古典作品的大翻译家。王韬的报纸取得了极大的成功，很大程度上得益于他撰写的时评，他在自己的时评中积极地倡导采纳现代的世界观并在中国进行改革，因此产生了重要的影响。后来，王韬的评论被收集起来，结集为《弢园文录外编》出版，今天富有研究古籍兴趣的读者可能仍然在阅读；他的信件也被收集起来结集为《弢园尺牍》出版。有趣的是，王韬竟然还是有关古代歌妓等煽情故事丛书《香艳丛书》的编辑。不过，这件事情在今天看来一点也不奇怪，因为有关歌妓、才女和学者生活中遇到的其他女子的故事构成了很多中国报纸文学版的内容，直到今天仍然如此。

正像西方传教士是中国报刊的开拓者一样，中国的早期归国留学生和思想开明的进步官员与中国报纸的创办也有着密切的联系。容闳是中国第一个回国留学生，他于1874年5月3日在上海创办《汇报》。伍廷芳也是最早从美国回国的留学生之一。另一个回国留学生邝其照于1886年5月23日创办了《广报》，他还继马礼逊之后编纂了中国人自己的第一部英汉词典。

当时的报纸本质上是比较原始的，编辑的社会地位一点也不高。封疆大吏左宗棠[①]曾在愤怒之下批评道，"江浙无赖文人，以报馆主笔为之末路"，这可能充分地说明了当时社会对于记者的总体印象。

---

① 林语堂原文误为张之洞。——译注

只有当中国新闻记者的骄子梁启超开始使用报刊进行政治改革，并把他渊博的学识、精彩的文风和改革的热情投入到新闻采编中去的时候，记者才上升到受人尊重的地位，具有了文学威望。可以说，梁启超极具我们所说的文学热情。关于人们对报纸的大致态度也可以从回顾有关上海文学的书籍《上海闲话》中得到印证和说明，该书描写了当时的报童在大街上兜售报纸而招致店主厌烦的情形①。书中讲述：

若在昔日，每日发行之报无过数百份，每份仅一纸，事务之单简可知，而偏有一种雇用人，为今日之所无需，乃为昔日之所必有，其人惟何？则每日挨门送报之人是也。缘今日各日报，其发行本埠之报纸，均由贩报者先时订定，或由一人承包，已为今日沪上一种专业。若彼时则无有也，而社会间又不知报纸为何物，父老且有以不阅报纸为子弟勖者……故每日出报，外埠托信局分递，则本埠则必雇有专人，于分送长年订阅各家者外，其有剩余之报，则挨门分送于各商店。然各商店并不欢迎，且有厉声色以饷之者。而此分送之人，则唯唯承受惟谨。及届月终，复多方以善言乞取报资，多少即亦不论，几与沿门求乞无异。惟其中有一事，至可为吾人纪念者，报馆每日所出之报，其总数无过于数百份，而社会之不欢迎报纸，又加上述，则所谓长年订阅之各家，究系何人，盖大率洋商开设之洋行公司及与洋商有关系之各商店为多。噫！中西人知识之不侔，于此可见矣。

《申报》50年纪念的小册子于1922年出版②，旨在纪念《申报》创刊50年，其中论述了当时报纸的风格和主要内容：

---

① 姚公鹤：《上海闲话》，第127~128页，上海：上海古籍出版社，1989年。
② 即申报馆发行的《最近之五十年》。——译注

彼此报纸所摭拾，大率里巷琐闻，无关宏旨。国家大政事大计划，微论无从探访，即得之亦决不敢形诸笔墨。故报纸资料，大半模糊而琐细。核其门目，约分数端：一为谕旨、奏折、宫门抄、辕门抄等，备官场中人浏览，藉知升迁降调等情形与送往迎来之事迹；盖宦海之真珍闻也。一为各省各埠琐录，如试场文字、书院题目、与夫命盗灾异，以及谈狐说鬼等，备普遍社会阅之，藉为酒后茶余之谈助；盖裨官之别派也。一为诗词，彼唱此和，喋喋不休，或描写艳情，或流连景物，互矜风雅，高据词坛，无量数斗方名士，咸以姓名得缀报尾为荣，累牍连篇，阅者生厌；盖诗社之变相也。此外如商家市价，轮船行期，戏馆剧目等等，皆属于广告性质，藉便一般人士之检查；是又游客之指南针，旅人之消遣品也。要而言之，其时开报馆者，惟以牟利为目标；任笔政者，惟以省事为要诀。而其总原因，由于全国上下皆无政治思想，无世界眼光，以为报纸不过洋商一种营业，与吾侪初无若何之关系。

1815—1895 年的重要期刊

名称	年份	创办地点	特点
《察世俗每月统记传》	1815—1821	马六甲	米怜主编，马礼逊、麦都思和梁发协助编辑数期；共出版 7 卷，573 页①；最早的中文期刊。
《特选撮要每月纪传》	1823—1826	巴达维亚	4 期；主要内容有时事、历史、宗教、杂记等。
《天下新闻》	1828—1829	马六甲	麦都思主编②，活字印刷。

---

① 根据伟烈亚力《基督教在华传教士纪念录》(*Memorials of Protestant Missionaries to the Chinese*)（第 19 页）和白瑞华《中国报纸（1800—1912）》(*The Chinese Periodical Press*, 1800 - 1912）的记录，《察世俗》共出版 524 页。——译注

② 《天下新闻》的创办人是麦都思，主编是伦敦布道会传教士基德（Samuel Kidd, 1799—1843）。——译注

（续上表）

名称	年份	创办地点	特点
《东西洋考每月统记传》	1833—1838	广州、新加坡	由郭士立创办和编辑，后转给益智会；中国境内最早的中文期刊。
《遐迩贯珍》	1853—1856	广州	相继由麦都思、奚礼尔和林乐知等主编的月刊①。
《中外新报》	1854—1860②	宁波	早期为双周刊，1856年后改为月刊，由玛高温（Daniel Jerome Macgowan）编辑。
《六合丛谈》	F. 1857	上海	月刊，由伟烈亚力主编。
《中外新报》	F. 1858	香港	第一份中文日报，《孖剌报》的中文版。
《上海新报》	F. 1861	上海	《字林西报》中文版。开始两天出版一次，后改为日报。
《香港新报》	F. 1861	香港	《孖剌报》的商业增刊，共出版8期。
《中外杂志》	1862—1868	上海	麦嘉湖（John Macgowan）主编，月刊。
《华字日报》	F. 1864③	香港	香港《德臣报》的中文版；生存时间最长的中文报纸。
《中外新闻七日录》	F. 1865	广州	由湛约翰（John Chalmers）④ 主编。

---

① 根据白瑞华《中国报纸（1800—1912）》（*The Chinese Periodical Press, 1800—1912*）第35~36页，理雅各于1855—1856年曾担任《遐迩贯珍》主笔。——译注

② 《中外新报》停刊时间应为1861年。——译注

③ 根据白瑞华《中国报纸（1800—1912）》（*The Chinese Perioderical Press, 1800—1912*）第46~47页和卓南生《中国近代报业发展史（1815—1874）》第8章，《华字日报》应创刊于1872年。——译注

④ 原文为Chalmers，应该是湛约翰（John Chalmers）。——译注

（续上表）

名称	年份	创办地点	特点
《中西教会报》	F. 1868	上海	林乐知编辑；周刊，后来从第300期改为月刊，同时改名为《万国公报》。
《申报》	F. 1872	上海	美查创办，中国最大的报纸之一。
《中西闻见录》	F. 1872	北京	注重报道科技内容；1876年，改名为《格致汇编》并迁往上海，1890年停办。
《昭文新报》	F. 1873	汉口	最早为中国人拥有的且生存时间最短的报纸。
《循环日报》	F. 1874	香港	王韬创办，1875年后每月出版一期增刊。
《汇报》	1874—1875	上海	中国第一位留学生容闳创办。
《万国公报》	1875—1904	上海	林乐知主编，1876年开始创办增刊《益智新录》。
《小孩月报》	F. 1875	上海	范约翰（J. M. W. Farnham）编辑的插图月刊。
《新报》	F. 1876	上海	最早的双语日报。
《益闻录》	F. 1878	上海	天主教报纸；首先是双周刊，然后为周刊。1898年与一个科学杂志合并；1908年增加一个双周科学版。是不断更名的历史最悠久的传教士报纸。
《图画新报》	1880—1912	上海	刊登漂亮图画的一份月刊。
《沪报》	F. 1883	上海	《字林西报》的中文版。
《点石斋画报》	F. 1884	上海	石印、精美、有趣的画报，由《申报》的所有者出版。

（续上表）

名称	年份	创办地点	特点
《时报》	F. 1886	天津	包括李提摩太的评论。
《广报》	F. 1886	广州	由梁启超编辑。
《益文月报》	F. 1887	汉口	月刊，主要为科学方面的内容。
《新闻报》	F. 1893	上海	开始为中外合资经营，后由美国瑞生洋行所有；1899 年，由福开森（John C. Ferguson）购买；1906 年，作为一家英国公司在香港注册；1915 年，转让给在特拉华注册的一家美国公司；从 1929 年开始完全归中国人所有。

第九章　辛亥革命前的报纸改革（1895—1911）

1895 年，中国北洋舰队在中日甲午战争中彻底覆灭，激发了中国报刊文学走向一个新起点。到 1911 年辛亥革命，新闻界被爱国的崇高理想所激励，掀起了新闻事业的高潮。实际上，这个阶段堪称中国新闻史上的“黄金时期”。面对政府的管制和迫害，无论是报纸还是杂志，都不顾及利润因素，而成为最终推翻清政府的国家政治改革运动的鼓动者。在这些报刊当中，我们可以看到当时思想领域的主要动向或潮流：有人呼吁进行全国政治改革，包括揭发官方腐败和引介西方“自由”、“民主”和“宪政改革”等新思想（康有为、梁启超）；有人基于极端的种族意识对蛮夷政府进行激烈的攻击，并把推翻清政府作为挽救中国的唯一希望（章太炎、孙中山）；有人倡导开阔视野和吸取西方的自由主义思潮（严复）；还有人提倡保存和弘扬中国民族文化（章太炎、刘师培）。在这些潮流的发展和融合过程中，沉睡中的中国逐渐苏醒过来，国人的民族意识和政治觉悟逐渐被唤醒，而中国人民的热情逐步发展成为推翻大清帝国的烈焰。

当时，清廷高官和著名学者们都已经意识到报纸作为一种民众教育工具的重要性。袁世凯、张之洞，内阁大臣孙家鼐、文廷式、岑春萱，改革派领袖孙中山、康有为、梁启超，学者章太炎、蔡元培、吴稚晖等都通过各自的影响力去支持现代报业的发展。他们总是与各种报刊、出版物有着某种联系。例如，《时务报》通过官方渠道发行，给朝廷官吏们灌输新思想，使他们受到启迪教育。张之洞在《劝学篇》中告诫民众要阅读报纸和杂志，他和袁世凯都十分热心于推广政府的印刷品。1898 年的“百日维新”运动是康有为领导的维新派的活动高潮。维新运动失败后，进步党的活动被迫转入地下。后来，改良派分为两派：一派是以康有为为首的主张实行君主立宪制的保皇派；另一派则是以孙中山为首的主张推翻清政府建立共和国的革命派。革命派率先在上海租界成立自己的组织，之后又联络流亡日本的革命党人在东京成立分会。1908 年慈禧太后辞世，如果她生前没有软禁光绪皇帝，使光绪先她而死的话，清政府似乎还有可能通过实行宪政而继续统治。随着小皇帝宣统即位，全国上下笼罩在对维新的失望之中。革命情绪是如此的强烈，以致保皇派政治鼓动的报道只能在东京和横滨革命党人的报纸上刊登。国内报纸则越来越多地刊登关于直言政府过失和宣传革命的内容。后来的结果正如之前所期望的那样，革命爆发了。

这一时期的报人都被一种神圣的使命感所鼓舞。变法初期，强学会成立。该组织旨在通过学习西方科学知识促进国家强盛。思想进步的强学会领导人已经认识到：强大的中国应该使人民具有足够的知情权，使人们能用现代眼光去看待事物；教育必须惠及大众而不是只限于文人，就如康有为在强学会组织章程的前言中所言：“累合什百之群，不如累合千万之群。”正是这种全新的意识驱使改革派领导人把报业看作一种教育大众的媒介。在这种精神的指导下，强学会于 1894 年在北京成立，由高官文廷式领导，成员有张之洞、袁世凯、孙家鼐、陈宝箴、岑春萱等人。强学会成立的时候，康有为和他的学生梁启超正忙于写奏章向皇上阐述详细的改革建议。当康有为听到强学会在北京成立的消息时，他立即北上加入强学会。1895 年，京师强学会达到鼎盛时期，它的一个大型活动是开设博物院收集当代作品；另一个便是创办一份报刊，当梁启超、李提摩太被授权负责该报编辑工作时，袁世凯带头慷慨捐资 500 美元，这份报纸就是后来广为人知的《中外纪闻》。该报每日用木版雕印，由各报房的报童在递送《京报》时免费附送给京城的王公大臣。同年，上海强学会的会刊《强学报》创刊，它也是一份日报[①]，同样免费派送。这些改革家创办的出版物在中国民众中迅速造成巨大的影响，从而引起一些保守派官员的猜忌。1896 年 2 月，朝廷下旨停办这些刊物，文廷式被撤职。"由于御史杨崇伊的弹劾，文廷式因批评时政、结党营私和贿赂太监等罪被撤职，然而，调查中并没有找到这些指控的证据，可见这背后一定有隐情。尽管如此，文廷式还是被革职，永不叙用。之后，他就被赶出京城并被责令立即返乡。"这件事为 1895 年的报业改革画上了句号。

1896 年 7 月，强学会上海分会将其会刊改为《时务报》。这是一份版面为 20 多页的周报，选用上好宣纸石板印刷，外国新闻的翻译稿占据该报的大部分版面。这一时期，在强学会"学习以强国"的影响下，各种学会组织相继成立。例如，长沙的湘学会、杭州的任学会、苏州的苏学会、北京的集学会、舆算学会、农学会、不缠足会（天足会）、拒吸鸦片会等，每个学会都有自己的刊物。两江总督张之洞是《时务报》的主要推广者，除了数次捐款资助其办刊外，张之洞还安排衙门的专项资金订阅了 288 份报纸，分发给其下属衙门和学校。该报除了拥有常规的 5. 8 万美元财政收入之外，还得到了包括 1. 1 万美元和 2 600 两白银在内的很多资助（该报实际上已经沦为洋务派的传声筒而非维新派的喉舌）。但是，由于不能忍受张之洞的专横，加之后来梁启超和汪康年（《时务报》另一位创办者）的矛盾也在不断的争论中升级，梁启超不久就离开了《时务报》。在改革派失败之前，《时务报》已经奉旨改为官报，更名为《时务官

① 该报是铅字印刷的 5 日刊，出版两期即遭查禁。

报》，汪康年则被迫将其改名为《昌言报》[①]。

梁启超是中国新闻史上最伟大的先行者之一。他的文章在推动辛亥革命中起了很大的作用。作为中国历史和国学的著名学者，梁启超以他的智慧和激情创造了一种不同于以往的新文体（特点是半文半白，平易畅达，笔锋常带感情，有时还夹带口语和外来语），被称为“时务文体”。这种文体的出现预示着新一轮文学革命的爆发。梁启超身上既有中国古代文人对社会和政治的热情，也有对西方制度，特别是自由、民主和西方宪政改革等观念的向往。后来，慈禧太后重金悬赏缉拿梁启超，他被迫逃亡日本，并于1898年创办《清议报》，以此报名来提醒人们怀念东汉时期的“清议”运动（参见本书第四章）。《清议报》每旬出版一次，内容包括对清政府的抨击性文章、梁启超的各种政论文、西方和日本的译著以及外国报纸的新闻摘译等。该报于1901年底停刊，前后历时三年，但在中国本土一直被禁止发行。在1900年11月5日，清廷曾下旨，禁止康、梁的任何出版物在中国发行。可见，两人的言论已经在中国民众中造成了巨大的影响，也成为清政府的心头大患。

前因康有为、梁启超罪大恶极，迭经谕令沿海各省督抚，悬赏缉拿，迄今尚水弋获。该逆等狼子野心，仍在沿海一带，煽诱华民，并开设报馆，肆行簧鼓。种种悖逆情形，殊堪发指。着南洋、闽、浙、广东各省督抚，仍行明白示谕，不论何项人等，如有能将康有为、梁启超缉获送官，验明实系该逆犯正身，立即赏银十万两。如该逆犯早伏天诛，只须呈验尸身，确实无疑，亦即一体给奖。此项银两，并着先行提存上海道库，一面验明交银，免致展转稽延。如有不愿领赏，愿得实在官阶及各项升衔，亦必予以破格之赏。至该

---

① 康有为通过御史宋伯鲁上书光绪皇帝，建议将上海《时务报》改为官报，获准。汪康年不愿将此报出让，遂被迫将之改为《昌言报》，继续出版发行。——译注

逆犯开设报馆，发卖报章，必在华界。但使购阅无人，该逆犯等自无所施其伎。并着各该督抚实力严查，如有购阅前项报章者，一体严拿惩办。此外如藏有该逆犯从前所著各逆书，并着严行销毁，以申国宪而靖人心。[①]

在中国本土发行的报纸，其实是当时中国政治的一个缩影。清廷明白，康、梁在日本过着逃亡的生活（无法回到中国作乱），只要没人购买他们的报纸，就不会触及朝廷的底线（清政府就对他们的活动睁一只眼，闭一只眼）。

随着中国革命派领袖逐渐在日本汇合，加之梁启超的文章在民众中大受欢迎，作为《清议报》的继承者，《新民丛报》在海内外舆论中产生了巨大影响。《新民丛报》是半月刊，1901 年在日本横滨创刊，共发行 72 期，每期都包括长达 40 页的时政评论、学术论文、短文和诗歌。该报受到学生们的广泛追捧，曾先后重印 12 次。1907 年，梁启超又创办一份报纸《政论》。该报在上海出版，每月一期，不过很快就被清政府查封了；1910 年，梁启超在上海重整旗鼓，创办旬刊《国风报》；1911 年辛亥革命后，梁启超在天津以同年创办的半月刊《庸言》为阵地继续其新闻活动；1915 年，他又在上海创办月刊《大中华》。梁启超一生笔耕不辍，撰写了大量的政论文章来引导中国民众的思想。他之所以成为我们这个时代最伟大的作家之一，部分原因是他在中国文学方面的建树，也缘于他热心革新，在宣传和提倡西方观点和制度方面的显著成就。从 1920 年起，梁启超开始致力于向中国学生开设有关中国研究特别是中国史方面的讲座，颇受欢迎。他是中国知识分子的精英，其文集多达 36 卷。他在《新民丛报》和其他报刊上发表的论文都收入了《饮冰室文

---

① 《光绪朝东华录》总第 4 470 ~ 4 471 页，转引自丁贤俊等：《伍廷芳集》（上），第 74 页，北京：中华书局，1993 年。——译注

集》。在辛亥革命前很短的时间里，该文集在学生中就已经是人手一册了。梁启超的著作《中国魂》可能是表明他热心改革和全心呼唤国人所缺乏的进取精神和人文气息的最好例证。他的一些历史研究包括《王安石传》、《中国历史研究法》、《清代学术概论》、《先秦政治思想史》等①。

严复不像梁启超那样著述丰厚，但他以独特的风格而著名。严复曾经翻译亚当·斯密（Adam Smith）、赫伯特·斯宾塞（Herbert Spencer）等人的著作。他也曾经创办过一份出版时间不长但十分有名的报纸《国闻报》，该报于 1897 年在天津出版发行。从严复的《国闻报》创刊号发刊词中，我们可以看到一个典型的受过西方教育、思想进步、追求自由和对西方文明持开明态度的中国知识分子形象。关于政治改革家的新闻活动，严复这样说："日报应大量登载国内新闻，外电处于次要地位；而旬刊则应以外电为主，国内新闻处于辅助地位。"而他也是如此实践的。

然则今日谋吾群之道将奈何？曰：求其通而已矣。而通下情尤以通外情为急，何则？今之国，固与各国并立之国，而非一国自立之国也。吾试言吾民不通外情之弊。今欧美教士足迹遍天下。大都蒙犯霜雪，跋涉险阻，耗资财，劳筋骨，以求其所谓尽人事天之道，此不独在吾中国然也。而吾民之相遇者，视其劝善之书，则以为收买人心矣；得其治病之药，则以为迷拐人口矣，此不通西儒之所谓教也。游历之士，或登高山，涉大川；地学之家，或搜古迹，考物产，以求其所谓博物穷理之学，此亦不独在吾中国然也。而吾民之相遇者，暗其筹笔之记载，则以为侦探矣；见其测量之仪器，则以为厌术矣，此不通西士之所谓学也。尤其甚者，见其男女之交际，

① 陈立廷翻译的基根·保罗（Kegan Paul）的《中国政治思想史》。

而或疑为淫乱；见其贵贱之杂坐，而或讥为野蛮，此不通西士之礼俗也。其诸类乎此者，更仆不可以悉计。坐是不通之弊，于是平居无事，则互相猜忌，积不相能，仓卒之间，毫毛之事，群然而哗，激为事变。数十年来，如闹教案，杀游士，不一而足。上烦九重之虑，下竭举国之力，仅而后安。不通外情，其流弊乃至于此。可胜痛哉！可胜悼哉！然则求吾民通知外情之道将奈何？曰：欲通知外情，不能不详述外事，欲详述外事，不能不广译各国之报。此《国闻报》馆之所为继诸家而起也……

《国闻报》与其旬刊《国闻汇编》所倡导的内容一致。后者主要登载俄、英、法、美、日等国报刊的翻译文章。

在1898年“百日维新”的改革浪潮中，有关社会政治改革的圣旨接二连三地颁布，这对维新活动起了很大推动作用。尽管这场运动在慈禧太后镇压下以光绪帝的退位和被软禁而告终，但是它却使公众彻底改变中国政治秩序的要求变得更加强烈。中国也迎来了报业改革的黄金时期，人们被一种爱国情绪和神圣使命感所鼓舞，渴望引进西方观点，重塑社会文化。虽然清政府对此不是查禁就是监视，但是全国各地还是出现了很多报刊。这些报刊覆盖了社会各个层面，但总体上都是介绍西方文化。例如，章太炎的《经世报》①(1897，杭州)，长沙一所大学出版的《湘学新报》(一本学术杂志)，四川的《渝报》、《蜀学报》。其中，《东方杂志》是中国出版时间最长的杂志，于1904年在商务印书馆第一次印刷，初期每月出版一次，后来改为半月刊。有些杂志主要关注农业、商业和工业，如《农学报》、《商学报》；有的杂志致力于介绍物理和数学方面的知识，如《新学报》(1897，上海)、《格致新闻》(1898)；还有一

① 这些杂志的汉语名称，参见本章末尾表格。

些专注于教育，如《教育世界》（1901）和《教育杂志》（1909），由商务印书馆出版，至今仍在发行；另外，还有一些杂志侧重于女权运动、青少年教育、外语、地理、法律与政府、海外贸易等。总之，在20世纪的头十年中，报业十分繁荣。

在这一时期，值得注意的还有一些用方言写作的大众报纸，如《无锡白话报》，该报由中国第一位女记者裘毓芳创办并于1898年发行；另一份重要的报纸是提倡保护祖国遗产的《国粹学报》，在新文化运动中，该报由著名国学大师章太炎和刘师培于1904年在上海创办。在1912年中华民国建立之前，这些报刊在唤醒国人的宣传中功不可没。

在公开反对清政府方面，一些报纸发挥了历史性的作用。如《苏报》（1897，上海），1905—1906年的《复报》和《民报》发表诸如汪精卫和胡汉民的一些革命文章。另外，现任南京“统一政府”监察院院长于右任在上海创办的三份日报——《民呼日报》（1908[1]）、《民吁日报》（1908[2]）和《民立报》，有力地加速了清政府的倒台。于右任及其同事在推动辛亥革命中发挥了巨大作用。

《苏报》由于受到政治迫害而成为报业改革史上的著名报纸之一。《苏报》创刊于上海英租界，创建者是以其日籍妻子的名义在上海的日本领事馆注册的。该报由一位被撤职的学者担任首任编辑，以大胆揭露官吏的腐败行为而著称。在保皇派看来，该报俨然变成了提倡种族主义以驱逐清朝统治者的工具。其主要编辑吴稚晖、章太炎、蔡元培被誉为“国民党元老”，他们曾与保皇派交往甚密。1807年，革命派作家邹容出版了一本名叫《革命军》的小册子。除了给它作序外，章太炎在《苏报》上还写了一篇书评来宣传革命。

① 应为1909年，此处为作者笔误。——译注
② 应为1909年，此处为作者笔误。——译注

此举使清政府大为恼火[1]，清廷遂下令查封《苏报》并逮捕其编辑。期间，除吴敬恒逃脱外，章太炎及《苏报》的一些雇员均被捕[2]。法庭审判在英租界进行，按照清朝法律，《苏报》编辑们所作的文章相当于谋反，因为他们说："满族是我们不共戴天的敌人！"、"杀戮就是反抗，杀死一个人（清朝皇帝），那对于四万万同胞来说是多么高兴的事情啊！"。审判的结果原本是判处《苏报》编辑死刑，但由于舆论对这几位革命作家充满了同情，法庭最终判处邹容和章太炎终身监禁。但是，这样依然无法平息公众的怒火，最后，在外国领事团的压力下，该案以判处邹容两年监禁、章太炎做三年苦工而告终。此案使民众越来越深刻地认识到清朝统治的腐朽无能，并对其彻底失望；而面对强大的反对舆论，清政府也陷入绝望。

与此同时，在东京一场激烈的文化大战在以孙中山、汪精卫、胡汉民为首的革命派和以康有为、梁启超为首的保皇派之间展开。东京的革命作家都十分活跃，中国留学生在这里创办了数十种报刊，这些人中很多都是因为提倡政治和社会改革而被迫流亡日本的。但是，这场论战只是在诸如新加坡、爪哇、旧金山、纽约、渥太华、巴黎等国外城市进行，并未波及中国大陆。辩论的焦点在于中国是建立共和国还是实行君主立宪制。保皇派认为不需要巨大的变革，通过渐进的革新，中国将取得更大的进步；对此，革命派则回应，驱逐清政府才是建立新政府的唯一途径。尤其是一些激进的革命家，他们认为只有共和政府才是中国广大民众唯一能够接受的。但是，对于共和还是立宪，语言的争辩无法解决，腐朽的清朝政治体制也没有解决这个问题。如果清政府朝着向中国民众颁布宪法的方向努力，或许可以改变自己失败的命运。

---

① 后来，章太炎的《康有为与觉罗君之关系》一文发表在《苏报》上，该文直呼光绪皇帝其名，成为清政府对《苏报》采取镇压的口实。——译注

② 章太炎和吴敬恒之间为此事来往的反诉书信成为中国辱骂文学的典范。

《苏报》案充分揭露了晚清政府软弱无能的本质，而且他们已经感觉到自己处于反叛的包围之中，但是已经没有能力去平息叛乱了。同时，在日本出版的新闻刊物的影响力日趋强大。尽管官方下令查禁，但这些报刊依然以独特的方式到达中国的学生阶层之中，就如同地下岩浆爆发那样，在岩石的最深处冲起，从地缝中喷薄而出。在这种情况下，文笔的力量比刀剑更有威力。孙中山通过日本的革命电台不断地发表演说，吸引了无数留日学生收听。革命派所提倡的理念传回中国后不久即产生了巨大影响。

在中国本土，整个国家陷入了这样的状态：地方政府已经没有能力或者根本就不想再去干涉报纸的批评，除非受到来自北京的直接命令。

清政府则依然故伎重施，希望通过查禁各种报刊来消除其影响，如1900年清廷颁布的一道圣旨禁止学生向报纸投稿，不准学生从事记者和编辑的工作，不准购买报纸或者把革命性文章带入学校；而另一项圣旨更是荒谬地引用外国例子说，在外国，学生除了携带教育部许可的几本书之外，不得携带其他书籍进入学校。所以清廷就下令，凡是将革命书籍带入学校或者助其传播的大学生和中学生，一经发现，当即开除或者给予处分，该校的领导也将被撤职。但是，他们的命令已经根本不起作用了。

这是因为，这些禁令和其他命令一样，都出自一个弱势政府，只是形式而已，根本不可能得到严格的执行。戈公振在《中国报学史》中列出了六七个关于各省报纸被查禁的例子。这些报馆之所以被关闭，是因其大部分报纸都对当地政府官员进行了人身攻击。这里我不得不指出，据我所知，在1911年之前，只有一位编辑被杀害，因为他揭露了重庆一位官员的贪污行为，而揭露官员贪污在当地是相当危险的事情。

在这一时期，除了在政治上反对清政府外，著名报纸《时报》

还开始关注报业的发展。《时报》是中国学者狄楚青于1904年创办的一份日报。狄楚青现已退休在家，他是一位佛教徒、古董收藏家和中国艺术出版家，他曾在革命活动中起了重要作用，革命失败后，他就把全部精力投入到《时报》的创办活动中。这是一份健康、上进的报纸。在与《申报》的竞争中，狄楚青促使中国报纸走上了现代化的道路。在每个全国性的重要话题上，他都会运用自己的影响力去维护国家的利益。《时报》每周刊登关于教育、妇女、儿童、英语、艺术等各种侧重点不同的专题。基于此，我们有必要回顾一下《时报》的办刊方针和版面架构。

第一，本报论说，以公为主。不偏徇一党之意见……

第二，本报论说，以要为主。凡所讨论，必一国一群之大问题。若辽豕白头之理想，邻猫产子之事实，概不置论，以严别裁。

第三，本报论说，以周为主……

第四，本报论说，以适为主……

第五，本报纪事，以博为主。故于北京天津金陵，均置特别访事；其余各省皆有坐访。又日本东京置特别访事二员，伦敦、纽约、旧金山、芝加哥、圣路易各一员，其余美洲澳洲各埠皆托人代理。又观当日俄战事之际，本馆特派一观战访事员随时通信。又上海各西报，日本东京各日报及杂志，皆购备全份，精择翻译。欧美各大日报，亦定购十余家备译。务期材料丰富，使读者不出户而知天下。

第六，本报纪事，以速为主……

第七，本报纪事，以确为主……

第八，本报纪事，以直为主……

第九，本报纪事，以正为主……

第十，本报特置批评一门，凡每日出现之事实，以简短隽利之笔评论之。使读者虽无暇遍读新闻，已可略知梗概……

第十一，本报每报附印小说两种，或自撰，或翻译……

第十二，本报设报界舆论一门，凡全国及海外，所有华文报章共六十余种，本报悉与交换。每日译其论说之佳者，撮其大意叙述之……

第十三，本报设外论撷华一门，凡东西文各报之论说批评，其关于我国问题及世界全局问题者，则译录之……

第十四，本报设介绍新著一门，凡新印各书，每礼拜汇录其目，及出版局名，定价数目，其善本加以评论……

第十五，本报设词林一门，诗古文辞之尤雅者随录焉。

第十六，本报设插画一门，或寓意讽事，或中外名人画像，或各国风景画，或与事实比附之地图，随时采登。

第十七，本报设商情报告表一门……

第十八，本报设口啤丛述一门，其有近世遗闻轶事，虽属过去，亦予甄录……

第十九，本报设谈瀛零拾一门，凡世界之奇闻琐记，足以新我辈之耳目者，亦间录焉……

第二十，本报于京钞及官私事件，取材务博，别裁务精，要者不遗，蔓才不录。

第二十一，本报编排，务求秩序。如论说、谕旨、电报及紧要新闻，皆有一定之位置，使读者开卷即见，不劳探索……

第二十二，本报编排，务求显醒。故一号、二号、三号、四号、五号、六号字模及各种圈点符号，俱行置备。其最紧要之事则用大字，次者中字……

第二十三，本报遇有紧要新闻特别电报，当发传单，以期敏速。

第二十四，本报别类务多，取材最富。既用各小字排入，尚虑限于篇幅，不能全录，特于每日排印洋纸两大张，不惜工资以求赡博，而定价格外从廉。

第二十五，本馆广聘通人留局坐办外，尚有特约寄稿主笔数十人，俱属海内外名士，议论文章，务足发扬祖之光荣。

这个编辑指南是十分重要的，因为它提出了一些改革理念，这对当时的新闻事业来说是个突破和创新，尤其是对于特派记者的安排、短评的设置以及制定详细的编辑方针、分版刊登新闻、运用不同字体的做法都是相当有新意的。一旦人们了解了当今中国报纸，并且看到一些大报在新闻报道和编辑理念等方面如何落后于《时报》，自然就会明白《时报》在新闻创新方面的重要性。除了他们极有创意的编辑方针之外，更为重要的是，狄楚青及其合作者成功地使《时报》呈现一幅进步的爱国主义和理想主义的美好景象。

1895—1911 年的重要报纸

报刊名称	年份	地点	特征
《中外纪闻》	1895	北京	由清朝著名学者创办的报纸，强学会的机关报；1896 年被禁。
《强学报》	1895	上海	强学会在上海的出版物。
《时务报》	1896	上海	维新派创办的另一份报纸。石版印刷；后被张之洞窃取并改进；1898 年成为官报，改名为《时务官报》。
《知新报》	1897	澳门	改革派的一份重要报纸。初期，每 5 天出版一期，后改为旬刊；使用中国的优良纸张印刷；1898 年停办。
《湘学新报》	1897	长沙	旬刊；提倡新学的学术报刊，由革命派重镇长沙校经书院创办。
《经世报》	1897	杭州	章太炎编辑，主要登载英法报纸的译文。
《实学报》	1897	上海	刊载了很多未完成的系列丛书。

（续上表）

报刊名称	年份	地点	特征
《渝报》	1897	重庆	旬刊，木板雕刻印刷，共发行 16 期。
《农学报》	1897	上海	有关农业的双周刊。1898 年后改为旬刊，共发行 315 期。
《新学报》	1897	上海	数学刊物。
《通常报》	1897	上海	旬刊，从 1899 年起改为月刊；面向英语和世界语学生的杂志。
《通学报》	1897	上海	出版商以日籍妻子的名义在上海日本领事馆注册；由吴稚晖编辑；由于刊登了反对清政府的文章而遭到迫害；1903 年，报纸被封禁，其编辑邹容和章太炎被判监禁，轰动一时。
《国闻报》	1897	天津	由严复创办，每旬出版一期增刊《国闻汇报》。
《时务日报》	1898	上海	《时务报》的日报版，《时务报》改为《时务官报》后，该报改名为《中外日报》。
《昌言报》	1898	上海	前身为《时务报》，《时务报》被令改为官报后更名。
《清议报》	1898	日本横滨	旬刊，由梁启超创办。
《蜀学报》	1898	成都	旬刊，木板印刷。
《东亚报》	1898	上海	旬刊。
《格致新闻》	1898	上海	传教士刊物，主要介绍自然知识。
《无锡白话报》	1898	无锡	第一份以方言出版的报纸。由中国第一位女记者裘毓芳创办。
《求我报》	1898	上海	石印的双周刊，儿童读物。
《商务报》	1899	上海？	旬刊，商务类刊物。
《中国日报》	1899	香港	最早进行反清活动的一份革命性报纸。

（续上表）

报刊名称	年份	地点	特征
《新民丛报》	1901	日本横滨	双周刊，共发行了72期，是梁启超创办的极有影响力的一份报纸。
《译林》	1901	上海	主要刊登译文的杂志，由林纾、林长民和魏易等福州的一批学者编辑。
《普通学报》	1901	上海？	科学月报。
《外交报》	1901	上海	一份有关外交事务的双周刊，共发行132期。
《教育世界》	1901	上海	初期为旬刊，后改为双周刊。是一份有关教育的刊物。
《鹭江报》	1902	厦门	旬刊，共发行86期。
《政艺通报》	1902	上海	于1909年停办的双周刊。
《中外算报》	1902	上海？	一份数学月刊，共发行20多期。
《大陆》	1903	上海	日本留学生创办的一份大众月刊，共发行34期。
《浙江潮》	1903	日本东京	由浙江在日留学生创办，月刊，共发行12期。是中国留学生于1903—1911年之间在东京创办的重要报纸之一。
《湖北学生界》	1903	日本东京	由一群湖北留日学生创办的存在时间很短的一份月刊。
《江苏》	1903	日本东京	由一群江苏留日学生创办的一份月刊，共发行8期。
《国民日日报》	1903	上海	前身为《苏报》，以一名外籍出版商A. Somoll的名义登记；因大肆揭露官府腐败问题而被清廷下令停办。
《时报》	1904	上海	《苏报》案和大革命之前著名的进步报纸，由狄楚青主编，现在已经沦为一份便宜的大众报纸。

（续上表）

报刊名称	年份	地点	特征
《日俄战纪》	1904	上海	商务印书馆创办的专门报道日俄战争近况的报纸。
《国粹学报》	1904	上海	一份很重要的提倡保护祖国遗产的报纸，由章太炎和刘师培创办，共发行82期。
《东方杂志》	1904	上海	中国出版时间最长的一份杂志。目前仍然是中国发行量最大的报刊之一。初期为月刊，后改为双周刊，由商务印书馆出版。
《警钟日报》	1905	上海	前身为《俄事警闻》，由蔡元培发起创办，该报十分激进。清廷曾下令通缉该报的编辑和经营者。
《复报》	1905—1906	日本东京	由刘师培主编的一份重要的反清报纸。
《民报》	1905—1906	日本东京	由张继创办的一份极有影响力的反清报纸，经常发表汪精卫和胡汉民的文章，包括一些社会革命纲要。
《京报》	1906	北京	汪康年创办的一份较有影响力的报纸，于1911年停办。
《国闻报》	1906	天津	一份致力于探讨中国古代学术的报纸，后改名《山东国闻报》，共发行28期①。
《正论》	1907	上海	以梁启超为首的政闻社的机关刊物，月刊。
《农工商报》	1907	广州	有关农业和工业的一份旬刊，于1910年停刊。

① 原文如此，实际上《国闻报》积极宣传西方学术文化和政治思想，后改名为《天津日日新闻》。——译注

（续上表）

报刊名称	年份	地点	特征
《国风报》	1909	上海	旬刊，共发行53期，梁启超创办的另一份报纸。
《民呼报》	1909	上海	国民党元老于右任所办的“竖三民”报纸之一，一份极有影响力的革命报纸。
《民吁日报》	1909	上海	于右任资助出版的报纸，后在上海日本领事的压力下停办，共存在了42天。
《民立报》	1910	上海	辛亥革命前最有影响力的报纸，于1915年停办；曾刊登革命派领袖人物宋教仁的很多文章；据说，宋教仁是被袁世凯暗杀的；由于报纸的高质量，日发行量达到2万份。
《地学杂志》	1910	北京	地理杂志，每月出版一次，1919年停办。
《保国粹旬报》	1910	广州	关注古代中国学术的报刊，共发行6期。
《小说月报》	1910	上海	一份得到广泛阅读的文学刊物，由商务印书馆出版。
《蜀报》	1910	成都	双周刊，共发行了12期。
《法政杂志》	1911	上海	有关法律、政治的一份杂志，月刊，1915年停办。

第十章　民主共和时期的新闻事业
（1912 年之后）

我曾经讲过，从 1895 年到 1911 年或者从中日甲午战争到民主共和制度的建立，这段时期是中国新闻事业发展的“黄金时期”。这种说法所暗含的意义是，新闻事业把新闻作为表达舆论、自由和公正信息的媒介，并以较高的标准对其进行判断，但是从 1911 年开始，其中 1915—1925 年除外，新闻事业似乎表现出一种倒退的倾向。客观上来看，当代新闻确实在印刷和发行方面取得了明显进步，但是，这毕竟不是判断新闻事业进步与否所遵循的标准。当代新闻事业倒退暗含着一个“悖论”，即越是“强大”的政府，其新闻事业越弱小，反之亦然。换言之，双方此消彼长——希特勒和墨索里尼统治时期即是明证。德国从来没有过像希特勒统治下那样“强大的”政府，而美国任何一位总统都没有拿到过 98% 绝对多数的选票。但是，如果我们以公正的态度来比较美国和德国当下的新闻价值的话，这个问题的答案就可能是唯一的。中国政府和新闻事业之间的关系也是同样的道理。辛亥革命之前的中国新闻事业贯彻了某种真实有效的东西，因为清政府已经摇摇欲坠、岌岌可危；而比较起来，“共和”政府比清政府相对强大，所以整体而言，中国新闻已经成为有关公共信息和教育的一个相对不自由、不公正的媒介。

我已经指出过，人民与政府之间的关系就像赛马场上马与骑师的关系一样，而且已经界定了政府的民主原则，这个原则赋予赛马场上的赛马与骑师对话并质问其动机的权利[①]。假设这个界定对于任何宪政政府都是真实有效的，而且也肯定了君主政权，那么一个君主政府其实就是一个骑在由普通民众构成的马身上的骑师，他可能随意地把马引向一个牧场或者屠宰场；但是，对于一个共和政府而言，我们或许可以把这个类比的主客体颠倒过来，人民成为骑在政府这个马背上的骑师。于是，当这个骑师只是个孩子，还不知道如何来驾驭，或者这匹马是来自大沙漠从来没有被驾驭过的野马时，问题就出现了——这匹马拥有了脱缰奔跑和把这个年幼骑师驮到它所喜欢的任何地方的自由，而马嚼子里的咀嚼声可能就是威胁马背上孩子的一种手段。从某种意义上来讲，这个类比对于理解中国共和时期的新闻状况是十分恰当的。

任何民主制度的最终检验标准都是人民的意见能够多大程度地影响或者直接引导和控制政府的决策。现代新闻的意义大小依赖于这个界定被接受的程度。所有政府形式的变革都是徒劳无效的，除非舆论的力量有所增长，能够使政府按照民众的意愿行事，因为缰绳是用来控制马匹行进步伐和方向的。不可否认的事实是，中国目前仍然没有跨越“政治监护阶段”，最多可以说是尚处于真正“宪政阶段”的萌芽期。“政治监护阶段”是这样一个时期：赛马游戏是教练正在训练马背上的孩子如何来驾驭马，而马经常会大发雷霆，不可避免地抱怨，“看！小孩子，你不能这样骑在我身上，你并不明白有关骑术或者管理国家的这些要命的事情。我要你做的事情是非常轻松地掌握缰绳，让我走自己的路，我会把你引向胜利。”通常，赛马总是高大的，而骑师又总是那么年轻，所以这个庞然大物总是不当地把禁止驾驭和违规处罚的权利归于自己。如果这个孩子坚持猛拉缰绳的话，他们将很快走向沟壑或者悬崖。识途的老马认为，

① 见第一章。

只有它才了解阳光大道在何方；它是那么地敏感，马背上孩子的叫喊声轻易地就会惹怒它，因为对它而言，这是一种公然的轻蔑。

相应地，这可以作为描绘自 1912 年以来中国人民和政府关系的一幅图画。不过也有一段时期例外，从 1915 年到 1925 年，即从袁世凯之死到中国国民革命时期。当时北京的政府只是名誉上的“中央政府”，并没有什么实权，中国新闻事业随着政府力量的微弱以反比速度变得更加强大起来。但是，正是从 1914 年袁世凯阴谋策划推翻共和国、建立自己统治的帝国开始，中国新闻事业走向倒退。之后，在 1917 年张勋“辫子军”发动了政变，史称“张勋复辟”。这场闹剧尽管仅仅持续了 12 天，但它却成功地封闭了北京的 14 家报馆。接着，中国出现了北洋军阀混战的局面，军阀混战把整个中国分割成为若干个势力范围，而北京政府则萎缩成为一个影子或者傀儡。这是发生在 20 世纪 20 年代早期的事情，而且我总是充满感激和欣赏地记起段祺瑞的慷慨和大度，他允许我本人和其他作者在北京的报纸上用不礼貌的言辞对其进行抨击。国民党正是充分利用了舆论力量才使得 1926—1927 年的国民革命成为可能。随后，国民党改变了自己的位置，从骑师变成驮着人民奔跑的赛马，同时，我们也看到了其心理的微妙变化：它也开始讨厌嚼子和笼头了。这或许是真实的，骑在马背上的不再是当年的孩子，而那匹赛马也变老了，明白了如何引路，而且想自由地为马背上骑师的最大利益作出判断。我们对这里所讨论的观点正确与否并不感兴趣，只是要指出这样的事实：今天，我们拥有一个甚至比清帝国还要强大的政府。

据说，在共和政府建立之后，中国出现了 500 多家报纸，其中五分之一在北京。当时，为袁世凯独裁政权做筹备工作的一个社团组织筹安会成立，中国新闻界遭到威胁、恐吓、哄骗、贿赂、收买、查禁、罚款、逮捕、封闭和没收财产等不同形式的迫害，直到北京剩下 20 多家“顺从”的报纸，上海剩下 5 家，汉口剩下 2 家。当时十分流行以“危害国家安全”的罪名来封闭报馆和逮捕编辑，并根据袁世凯于1914年颁布、1915年修正的《出版法》进行处罚。这项法律很明显偏向于赛马，而非骑师。对新闻的压制所导致的并非编辑的失信，而是袁世凯公信力的丧失。为了封闭报馆，他不得不笼络一批暴徒和乞丐，为每人支付20个银角子外加一顿饭，让他们上街游行，以代表中国“人民的心声”，呼吁他继承皇位。实际上，很多家报纸都选择自愿关闭，而不是苟且偷生，当时上海只剩下5家报纸，而汉口只剩下2家，就是鲜明的例证。正是这种被压抑的舆论促使袁世凯政权迅速覆灭。就其结果而言，尽管从表面上看这是中国新闻界的失败，但事实上它却是中国舆论的一次胜利。1915年，陈友仁就在即将成为皇帝的袁世凯的眼皮底下编辑出版了英文《京报》，反对君主政体，但不久他就被迫离开了京城。北京《天民报》由于刊登了一篇从学术的观点反对筹安会君主主义的文章而被查封，这只不过是袁世凯及其门徒所玩弄的伎俩之一。当时，只有在外国租界内出版的报纸才可以生存，但是这些报纸受到邮递的限制。而当日本人发现袁世凯不愿意成为其征服中国的工具时，他们就转过来反对袁世凯。北京的日本报纸《顺天时报》在“法外治权”保护下公开地反对复辟运动，也正是这个原因使其在中国人中间受到欢迎，其发行量也随之增加。当袁世凯的大国会决定正式选举他做皇帝的时候，北京仅存的几家被收买了的报纸为了祝贺袁世凯登基而印制了“红版”。在南方地区，形势就有些不同了，在袁世凯的御用报《亚细亚报》[1] 报社曾两次发现炸弹。由于报社邻居们的强烈抗议，它不得不搬迁。但是，报社一直都没有找到愿意将房屋出租给它做办公室的业主，这家报纸至此也就消失了。

当时，众所周知的一个事实是：玩弄君主政权的阴谋者不但要

① 应作《亚细亚日报》。——译注

封闭人民之口，还要给袁世凯本人带上眼罩。梁士诒曾经是著名的“财神爷”，他想做袁世凯君主政权的首相，为使袁世凯相信公共新闻其实是支持他的，他对上海一些报纸进行加工伪造，在给袁世凯这个老家伙看以前，把翻印报纸中所有的“反对”字眼改换成“支持”。一天，赵尔异在袁世凯的书房里发现了一份上海报纸的篡改版并察觉到其与原版的差别，他不自觉地流露出惊讶的神色。在袁世凯的追问之下，赵尔异不得不解释说，他在自己家里看到的那份报纸在言辞上与这份报纸截然不同。袁世凯让赵尔异回家取来原版报纸，他发现自己被梁士诒愚弄的真相后如梦初醒，顿时感觉颜面扫地，而且开始忐忑不安。后来，随着他最信任的将军们背叛的消息日益增加，袁世凯最终走上了不归路。

随着君主政权阴谋的落空，袁世凯1916年去世，从此，中国进入了我们所说的军阀混战时期。当时，缺乏一个强有力的中央政权把北洋军阀的各个派系统一起来。这些军阀们作为地方长官统治着全国不同省份，诸如陆征祥统治着浙江，孙传芳占据着福建和东部五省，张作霖统治着东北三省，吴佩孚统治着河北，北京政府的控制权轮番落在几个地方军阀手中。在副总统黎元洪做代总统、段祺瑞做总理时，两人之间不断发生摩擦和争斗。于是，坐镇北京的几个北洋军阀都不是特别急切地想要掌握对整个中国的实际控制权，而是热衷于爬上“中华民国大总统”的宝座（冯国璋和曹锟），以便这个头衔能够成为其至尊荣耀并跟着他们落葬入土。这完全是一种值得称道的“抱负”。用一连串的官衔和丰功伟绩来告慰死去的母亲，这确实是一种殊荣，尽管这份荣耀是虚幻的，或者如中国古语所言“夕阳无限好，只是近黄昏”。同时，由于中国传统的犬儒哲学和小富即安的思想，曹锟和其他几位北洋军阀都非常满足于现状。张作霖甚至在死前的最后几天，还入关试图得到“中华共和大总统”的名号。然而，这只不过是北洋军阀几个老者的个人妄想而已，而只要他们把注意力集中在这个空头衔上面，他们对中国就没有什么危害。另外一位总统徐世昌非常高兴地接受法国为表彰他促进东西方文化交流而授予他的勋章，作为对他在世界大战中为同盟国服务的回报，但他实际上几乎没有统治中国的雄心。唯一夜郎自大要统治中国的北洋军阀是吴佩孚，他相信通过武力可以统一中国，但实际上，他却把中国推进一个战乱的时期。

因此，当时所谓的中国政府十分孱弱，而这种情形对于新闻力量的成长壮大是十分有利的。辛亥革命后，中国人民的热情和刚刚被唤醒的当家做主而不是做政府奴隶的意识尚未完全消逝。袁世凯的失败又增添了他们的信心和对中国发展民主的信念。

正是在这种环境中和反对“影子内阁”式的北京“中央政府”的背景下，中国迎来了1917年的文学革命。这次文学革命的本质并非文学，而是具有深远的政治影响，特别是它鼓励中国青年积极参与政治活动，而直接刺激中国报刊的迅猛发展。1917年到1925年这段时期可以说是中国的文艺复兴阶段，即知识分子觉醒和热情地介绍西方思想和文学的时期。这场“文艺复兴运动”的精神赋予了当代报刊一种活力。这个时期不仅发生了文学革命，而且出现了1919年5月4日的学生运动以及1925年5月30日的群众运动。在这些运动中，被唤起了理性的中国学生充当了政治舆论领袖的角色。

就文学革命和新闻之间的关系而言，我们可能首先会注意到，《新青年》月刊是一个很好的说明。《新青年》起初由4名北京大学教授轮流编辑，他们是胡适、陈独秀、钱玄同和刘半农。胡适以西学著称，钱玄同则是这场文学革命中国学的代表，陈独秀富有战斗性的犀利笔锋则为文学革命提供了动力。提倡采用白话文代替文言文作为中国文学的表达语言，立刻使一直沉默的中国青年的言论力量得到了前所未有的解放。因此，文学革命的第二个结果就是全国中文报刊的迅猛增长。据估计，从1918年到1919年，热心文学运动的全国各地的教师和学生共创办了400多种报刊。作为整个复兴运动的特点之一，这些报刊都是半文学半政治性的：一方面，它们模仿现代西方文学，着力于对短篇小说、散文和当代戏剧等文学形式的改革；另一方面，它们具有新生的活力和意识，也关注一般的社会和政治改革。这场运动的另一个重要特点是掀起了重新评价中国历史和重新审视中国哲学、史学和文学的思潮，这些历史任务由北京大学的《国学季刊》、《读书杂志》和胡适的《努力》周刊承担起来。

新文化运动的第一个直接结果是1919年的“五四”学生运动。运动的导火索是中国在凡尔赛国际和谈会议上签订的不平等条约。在第一次世界大战中，中国作为同盟国成员，派遣了10多万名中国劳工奔赴同盟国前线，主要从事诸如挖掘坟墓、搬运和埋葬尸体等最卑微的工作。但是当和谈会议召开时，中国却发现自己的权益已经被同盟国国家秘密地出卖给了日本。日本已经从德国人手中接管了青岛，理由是，在大战中日本通过青岛运输了数吨军火，对同盟国事业作出了贡献。同时，日本还要变本加厉地把当年袁世凯试图称帝时签订的臭名昭著的《二十一条》强加给中国，中国在和谈会议上要求废止《二十一条》，并把青岛归还中国，但这些要求都被同盟国拒绝。鉴于《凡尔赛和约》签署者之间形成的旧世界的外交关系的本质，这个结果并不足为奇。众所周知，这是克里蒙梭（Geroges Clemenceau）和劳埃德·乔治（Lloyd George）这些人故伎重施的结果。但是，在中国人看来，这是非常不公正的，这是同盟国给予中国的双重歧视，而原来也正是同盟国引诱中国加入其阵营的。

在这件事情上，中国舆论再次证明了自己的力量。“五四”运动首先以北京大学学生领导的示威游行的形式发起，愤怒的学生焚烧了亲日派曹汝霖的家宅。“五四”运动不仅标志着共和时期中国学生第一次积极参与政治活动，而且是整个中华民族最有影响力的舆论的联合表达形式。北京大学参加罢课的学生被软禁在大学校园里之后，全国所有大学和中学都群起声援，发起了罢课活动，全国各港口和主要城市的工人们也相继发起了全市大罢工。最后参加和谈会议的中国代表团被召回。

中国舆论不仅在凡尔赛和谈会议期间非常强大，而且在1921年华盛顿会议期间也表现得异常活跃。和谈会议尚未解决的中日之间的主要问题在美国政府召集的会议上被提上议事日程，而美国政府召集这次会议有着特殊的目的，它旨在彻底解决太平洋海军力量的问题。当时，中国新闻界异常活跃，分别向凡尔赛会议和华盛顿会议派遣了记者。根据未经证实的报道，中日之间的议题被搁置一旁，大会再次让两个国家直接单独谈判。消息传回中国，整个国家一片哗然，中国代表团受国内舆论的压力，几乎被迫撤回。与当时的舆论力量相比较，当今中国新闻界面对真正外敌入侵时的沉默和顺从提供了一个令人悲哀的对照。

这里应该顺便指出的是，侵略者所希望的正是中国新闻界保持绝对沉默，有时候就像“乖孩子”那样行事。当时日本禁止中国新闻界报道《二十一条》的任何内容；后来，日方希望中国人民不要了解有关《塘沽协定》的任何消息；日方还希望报纸不要刊登有关日本骑兵的活动以及日本骑兵入侵察哈尔的消息。一天，北京的一家报纸在一个并不太醒目的版位上刊登了一则关于察哈尔日本骑兵的消息，日本代表马上到北海居仁堂，指责中国当局这种行为有损中日友善。为了实现侵略中国领土的目的，日本当然希望中国新闻界完全沉默，少数官员继续在北海喝着香槟酒，中国人民对此一无所知，就好像现代印刷机、电报和无线电从来就没有发明过一样。

1925年5月30日的“五卅”运动创造了自“五四”运动之后中国舆论的高峰。这场运动的最大特点是有组织性，中国的工会组织积极参与，运动从知识分子阶层发展到了一般群众。当英国警方命令“开枪”并开始射击时，事件发生了。英方当场射死在南京路上示威游行的几名中国人，而工人们举行示威游行是为了抗议5月15日日本资本家枪杀工人领袖顾正红，他在上海的英国和日本工厂里惹了麻烦后被杀死。中国的舆论力量从来没有这样好地得以组织，也从来没有像在这场运动中那样得到如此好的表现，罢工和联合抵制英货和日货的行动不知不觉地引发了1926年的国民革命。它是由中国社会所有阶层，包括新闻界、学生、商人和民众参加的一场运动。当时的国民党与共产党结成联盟，它们已经认识到了民众力量的重要性，并得出孙中山在遗言中所言的结论：救国的关键在于“民众的觉醒”——孙中山的这一嘱托曾被那些口头上忠于已故伟大领袖的人完全遗忘。实际上，正是基于这种觉醒和民众力量，1926年到1927年的国民革命才得以完成。民众的力量是如此巨大，以致随即发生了抵制英货的运动，香港的不动产值下跌50%，总是第一个面对现实的英国把汉口租界还给了中国。然而，自1927年以来，中国工会组织纷纷解散，民众运动甚至普通的示威游行活动都基本不见了。如今，联合抵制组织到处受到压制，甚至发生在中日之间足以使中国的国家财政陷入危机的商品走私经济战，也不能激起任何报纸刊登哪怕一条有关联合抵制的建议，而联合抵制是反抗非法经济侵略的自然报复行为。中国人民已经忘记，或者被恐吓得正在忘记运用这种在过去30年学会使用的有力武器。

然而，这里应该指出的是，自1931年日本占领中国东北三省和1932年1月28日日本在上海战场上轰炸闸北地区以来，几乎每个中国人都对日本人产生了极大的仇恨。虽然这种仇恨从来没有被允许在出版物上公开地表达，然而，这种仇恨却是当今远东局势中最真实、最确定的一种因素，它必定会影响未来事态的发展。关于联合抵制，应该指出的类似事件是，尽管所有的有组织的运动都受到中国政府的压制，但每个中国消费者对于日货一直都是坚定的抵制者。这里，我需要指出很少被作者们所注意的事实，即在上海的租界里几乎没有像英国霍尔·霍茨洋行（British Hall & Holtz）和惠罗公司（Whiteaway，Laidlaw）等那样的大型日本公司，因为面向中国消费者的一致抵制日本店铺的存在是不可能的，而且日本人也不会愚蠢到犯这样的错误。每一位中国人，无论他是否属于学生阶层，都会觉得走进吴淞路的日本店铺是件非常可耻的事。因此，日本商品在中国的渗透必须伪装成中国、英国或者美国产品，而重要的日本产品必须通过以此赢利的外国和中国公司等迂回的渠道进入中国，这些贸易公司从日本订购没有日本商标的商品，包装之后在中国出售。没有人曾经在中国看到公开标明“日本制造”的任何商品。去年，《曼彻斯特卫报》（*Manchester Guardian*）报道，在东京商店里发现日本制造的火柴上印有“打倒日本！”的字样。经过询问发现，有些聪明的日本制造商使用这个标签来制造火柴，认为这样可以吸引中国的消费者。但是，正如中国当局已经认识到的那样，日本政府也不允许带有这样反对日本标签的重要商品进入中国市场，这些火柴不得不用轮船运回日本并且在国内市场倾销。这给当今的中日贸易带来了影响。

中国报刊在发行量和种类方面，在共和时期一直稳步增长。戈公振引用的材料显示，1886 年有 58 种中文报刊：香港 6 种，广州 2 种，台湾[①]、厦门和汕头共有 5 种，福州 3 种，宁波 2 种，上海 32 种，汉口 5 种，江西 1 种，天津 1 种，北京 1 种。在所有这些报刊中，共有 36 种月刊、8 种周刊和 1 种日报[②]。然而，到了 1921 年，根据第二届世界新闻大会的报道，中国有 1137 种报刊，其中 550 种日报，6 种隔日出版的报纸，9 种每三天出版的报纸，9 种每五天出

---

① 台湾又叫 Formosa，这个单词在葡萄牙文里的意思是“美丽”。——译注

② 最后的数字似乎不准确。参见第八章末尾的表格。

版的报纸，154 种周刊，46 种旬刊，54 种双周刊，303 种月刊，4 种季刊，1 种半年刊和 1 种年刊。与 35 年前的 1886 年相比，增长了 14 倍。根据中外报章类纂社的统计数据，1926 年中国大约有 628 种日报分布在全国各地：北京最多，有 105 种；汉口第二，有 36 种；广州第三，有 29 种；天津第四，有 28 种；济南第五，有 25 种；上海第六，有 23 种。当时，还有很多外语报纸：英语 26 种，日语 16 种，俄语 6 种，法语 3 种及韩语 1 种。戈公振估计，包括官方公告、不同组织和学校的出版物在内，1926 年的报刊总数接近 2 000 种①。

在杂志领域，期刊新闻继续承担着唤醒中国人理性的使命。梁启超继续经办 1912 年创刊的《庸言》，它是《国风报》的继承者。1915 年，梁启超又出版了《大中华》。康有为在 1913 年编辑《不忍》杂志，这是一份致力于恢复儒家学说的月刊。由于康有为坚持保守的君主保皇立场，他的影响开始急剧衰退。同时，梁启超却成为共和派的一员，他的影响持续到文学革命时期。我们也有必要关注一下章行严，他以《甲寅》杂志为阵地创建了中文写作的一个流派——“甲寅派”。《甲寅》杂志是 1914 年首先在东京创刊的月刊，后来于 1925 年在北京复刊，以周刊出版。“甲寅体”是一种以简明扼要风格而著称的文体，多少继承了严复的传统；章行严本人是政治专业的学生，热衷于西方逻辑学，他创立了以逻辑推理为特点的古汉语文体风格。这个“开创者”的荣誉应该给他，虽然逻辑学并没有阻止他于 1926 年担任北平教育部部长时残酷地杀害了 50 名无辜的学生。1916 年，《民铎》杂志创刊。它首先在日本发行，但从某种意义上讲这也有助于在中国人民中间传播政治和文化知识。《新青年》创刊于 1915 年，由陈独秀在上海出版，但这本杂志直到 1916 年至 1919 年才达到历史上最重要的地位，当时它已经成为陈独秀、

① 更多的数据参见第十一章末尾的表格。

胡适和其他几个北京大学教授发起的文学革命的阵地。在这方面，应该提到由北京大学及与新文化运动和“五四”运动密切相关的学生们出版的《新潮》月刊。孙中山于1913年创办了《国民》杂志，于1919年创办了《建设》杂志，这两份杂志都产生了重要影响。

在纯文学方面，《小说月报》首先由商务印书馆于1919年出版，并由文学研究会编辑。多年来，它在通过译介作品介绍西方文学方面发挥着最重要的作用。在《小说月报》的作者中，我们需要关注鲁迅、周作人、沈雁冰、郑振铎、赵景深等人。在1922年，另一个文学组织“创造社”在郭沫若、郁达夫、张资平等的领导下创办了《创造》杂志。“创造社”是一个内部充满风暴和紧张气氛的文学团体，其领袖郭沫若曾留学德国，是青年歌德的崇拜者。

在1922年，胡适自己创办了《努力》周刊。在《努力》的一期非常重要的文学增刊中，现代学派的著名先驱——中国历史学家顾颉刚表现得十分突出。同年，陈独秀离开《新青年》和北京大学之后创办了《向导》杂志，它被界定为共产主义者的喉舌。1924年和1925年，两个重要刊物创立：主要由胡适领导的《现代评论》和由周家兄弟（周作人和鲁迅）领导的《语丝》。另外还有其他重要的日报文学增刊出现，如著名的《晨报副镌》、《民国日报》的《觉悟》和《时事新报》的《学灯》副刊等。多年来，它们一直起着引领前卫思想潮流的作用。

随着1927年南京国民政府的成立，文学界的整个情况发生了变化。从1927年到1930年可以描述为中国全面介绍共产主义思想和文化的时期，这主要是通过很多共产主义者创办的杂志来进行的。这些年，在南京政府擦亮眼睛并清醒地认识到这个形势之前，苏联作者的译作已经充斥着全国的很多杂志版面和书籍市场，而这些报刊所宣传的观点早已融入了中国年轻读者的头脑。原属于语丝学派的鲁迅是这一代作家中唯一被界定为加入无产阶级阵营的作家。由于官方禁止，这些杂志生存的时间都不长，但其中有些杂志的名称非常有趣，反映了当时中国流行的各类思想观点：《狂飙》、《莽原》（鲁迅编辑）、《水沫》、《大众》和《海燕》。《海燕》是暗示暴风雨即将来临的左派杂志，于1936年创刊，当然也逃脱不了短命的厄运。《文学月刊》从严格意义上来讲是一种文学杂志，也可以说是左派杂志。自1932年以来，共产主义杂志由于遭受官方的迫害变得越来越少，而国民党一直试图占领文学界，并通过给出版物提供津贴等手段使之右倾，同时推动中国道德思想体系倒退到原来的反动立场。

从文学风格上来讲，同期文学的进步表现如下：梁启超可以说是中国散文史上第一个提倡解放思想的有影响力的人，他提倡从古文僵化的束缚中摆脱出来，把语言转变为一种通过词汇的开放性而自由灵活地表达当代思想观点的媒介；然而，严复和章行严的甲寅派可以说与古典风格最为接近，他们提倡保持语言的精确而严格的形式，但同时极力灌输现代的内容；创造社的风格倾向于浪漫主义和感性；而语丝派则发展了一种谈话式的风格，手法上讲究精细、语调上推崇闲适，还经常夹以幽默的片段。现在，《人间世》（1934—1935）和《宇宙风》（创立于1935年）是两种致力于刊登白话文文章的杂志，它们旨在继承语丝派的传统，周作人是其领袖人物。

1912—1925年的重要报刊

报刊名称	年份	地点	特征
《独立周报》	1912	上海	章行严主编的周刊。
《庸言》	1912	天津	梁启超主编的双周刊。

（续上表）

报刊名称	年份	地点	特征
《不忍》	1913	上海	康有为主编的儒家学说月刊。
《国民》	1913	上海	国民党的机关报，孙中山创办的月刊。
《雅言》	1913	上海	亲袁世凯的报纸。
《甲寅》	1914	日本东京	章行严主编的月刊。1925 年开始改为周刊。
《大中华》	1915	上海	梁启超主编的进步月刊。
《科学》	1915	上海	留美归国学生组成的中国科学协会出版的月刊。
《新青年》	1915	上海	开始由陈独秀主编的月刊；后来成为 1917 年文学革命的重要阵地。
《民铎》	1916	日本东京	开始为季刊，后来改为月刊，由中华学术研究会出版、梁启超主编。
《太平洋》	1917	上海	由留英和留法回国学生出版的月刊。
《新潮》	1919	北京	由北京大学学生出版；也是新文化运动的阵地。
《新教育》	1919	上海	最早由蒋梦麟主编。
《学艺》	1919	日本东京	开始为季刊，后来由中华学艺社改为月刊出版。
《建设》	1919	上海	由孙中山创办的国民党的月刊。
《解放与改造》	1919	上海	进步的双周刊。
《星期评论》	1919	上海	由戴季陶主编的周刊。
《创造》	1922	上海	开始为双周刊，后来改为月刊，由创造社出版；文学性质的刊物。
《努力》	1922	北京	由胡适主编的政治性周刊，并附有重要的书籍副刊。

（续上表）

报刊名称	年份	地点	特征
《向导》	1922	广州	共产主义周刊，由陈独秀主编。
《学衡》	1922	上海	由吴宓主编的月刊，反对使用土话和俗语。
《社会学杂志》	1922	北京	由北京大学教授出版。
《国学季刊》	1923	北京	由北京大学国学研究所出版。
《国学丛刊》	1923	上海	像《国学季刊》一样，致力于国学研究，由南京东南大学的教授出版。
《华国》	1923	上海	由章太炎主编，严肃的学术杂志。
《现代评论》	1924	北京	由北京大学的部分教授出版的周刊。
《语丝》	1925	北京	由周作人领导的一批作家创办的非常活跃而影响巨大的周刊。

第十一章　当代新闻事业

本章将研究当代中国报业，包括报纸的版式、编辑方式、新闻的特点和分类、广告及发行等。目前的报纸有进步和相对进步两类。《大公报》无疑是中国最为进步、编辑最佳的中文报纸，而《申报》和《新闻报》则是旧时代保守大报的代表，同时也均在编辑最差的报纸之列。两者的区别仅在于《申报》的编辑水平不尽如人意，而《新闻报》则毫无编辑工序可言。不过它们却是当今发行量最大的两大报刊，两者皆称发行量达到 15 万份，但实际调查显示，目前这两家报纸的发行量均不到 10 万份，而《大公报》公布其发行量为 3.5 万份。由此可见，销量最好的报纸却是编辑最差的，因为这些报纸都是以广告作为主体，新闻反而退居其次，仅仅用广告填充后剩余的零散空间来刊登；而编辑水平较好的报纸反而只能影响较少公众。这种现象是完全正常的。当然，编辑水平不错的报纸也有问题，这一点通过我们对《大公报》的分析可见一斑。《大公报》的排版、印刷和新闻业务水平都无可挑剔，但它却明显倾向于迎合一部分受过优良教育的受众。打开今天（1936 年 5 月 30 日）的《大公报》，我发现许多令人称道之处，如发自各地的报道下笔有神，风景素描和绘画趣味盎然，摄影副刊让人流连，清晰的版式令人赞叹。但我同时也找到一些曲高和寡之处，如在头版社论下方安排了一篇 J. E. 威廉斯（J. E. Williams）《德国殖民地问题》的翻译文章；而第四版标题最显著的文章则是关于英国工党领袖拉姆齐·麦克唐纳（Ramsay MacDonald）的老年生活；当日报纸的艺术副刊还有一篇关于日本时下西洋绘画的4 000多字的文章；而文学版面则安排了两篇2 500字左右的短文，另有两则是关于瑞典和西班牙文学动态的简讯。由此可见，普通中国读者舍《大公报》而取编辑不尽如人意的《申报》和毫无编辑工序可言的《新闻报》也不足为怪了。

鉴于《申报》在新闻报业中举足轻重的地位和颇具代表性的风格，我们特意对其编排进行研究，结果让人觉得不可思议。以今天（1936年5月30日）的《申报》为例，报纸一共7张28版，其中20版是常规日报内容，还有8版所谓的"本地副刊"，仅在上海地区发行。这8版几乎都充斥着影剧院的广告，仅有四分之三的版面编排了一些无足轻重、内容肤浅的短文。另外，《申报》的页码编排也会让那些习惯了阅读西方报纸的读者不知所措。拿起叠在一起的最上面两张报纸并以中国习惯从右到左阅读，这两张报纸8个版面的顺序安排如下：2、3、6、7、8、5、4、1。再看同样叠在一起的第三张和第四张报纸，版面编排顺序为：10、11、14、15、16、13、12、9。当然，从理论上讲，人们应该阅读每一张报纸，既然每一张都有明确的页码标识，那么找到正确的版面顺序就不会有任何问题。但普通读者恐怕不会不厌其烦地取出各张报纸铺满桌面去找每个版面，那么能连续翻看的版面仅仅是第6、第7、第8版和第14、第15、第16版。假如读者画一张图表来帮助自己记忆的话，也许会发现《申报》这种新型的排序方式其实也不难明白。如果每天不同类别的新闻都在固定版面，读者经过几个月的翻阅，就能熟悉教育或财经新闻的版面，或者按照中国读者的阅读方法将整个报纸扫一遍，迟早也能撞上自己想找的版面。然而，《申报》的版面排列恰恰又不是固定的，这就给读者阅读带来诸多不便。一年前，我经常阅读《申报》某半个版面的文学副刊，但这半版的内容总在第14版到第20版之间游离不定，再加上第四张和第五张报纸时而叠在一起，时而分开，查找十分不便，每天早晨我都得花上一分钟来搜寻这个文学版块。这种不固定排版的做法同样也让留意阅读《申报》社论的读者不胜其烦，社论版块也是每天都在第 4 版到第 8 版之间漂移，读者定能体会想要找到以上这些版面的不便。

《申报》排版方面的第二个惊人之处在于其新闻版面的不确定性。新闻总是随意放在广告商没有占用或指定的地方。几年前，《申报》采取了一项革新举措，把重要新闻排在头版，只把两边两行竖栏留给广告。然而，随着头版这两个广告位的价格稳步攀升，头版新闻的地盘也被广告逐渐蚕食。庸医假药的大幅广告时常见诸报端，充斥着报纸的每一个方位，版面上方、下方、右边、左边、正中，顶端水平像字母“T”状的广告位居中央，斜着划过整个版面，诸如此类，不胜枚举。以下三个图表演示了 5 月 30 日《申报》头版、第 13 版和第 14 版的版式，足以说明《申报》广告编排的变幻无常。

《申报》奇形怪状的广告编排（1936 年 5 月 30 日）[①]（黑色表示广告位置，白色表示新闻位置）。

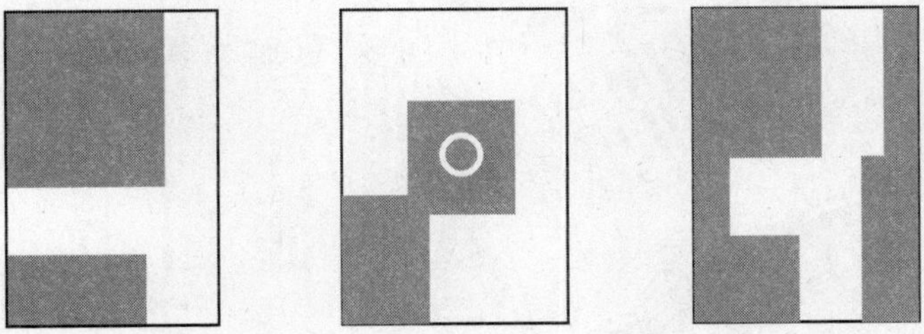

头版　　第13版 梅浊克星（治疗淋病广告）　　第14版 贺尔赐保命（壮阳药广告）

① 根据《申报》，原书所附示意图顺序有误，图版颠倒。这里加以修正，并附当天《申报》头版、第 13 版、第 14 版缩微图。——译注

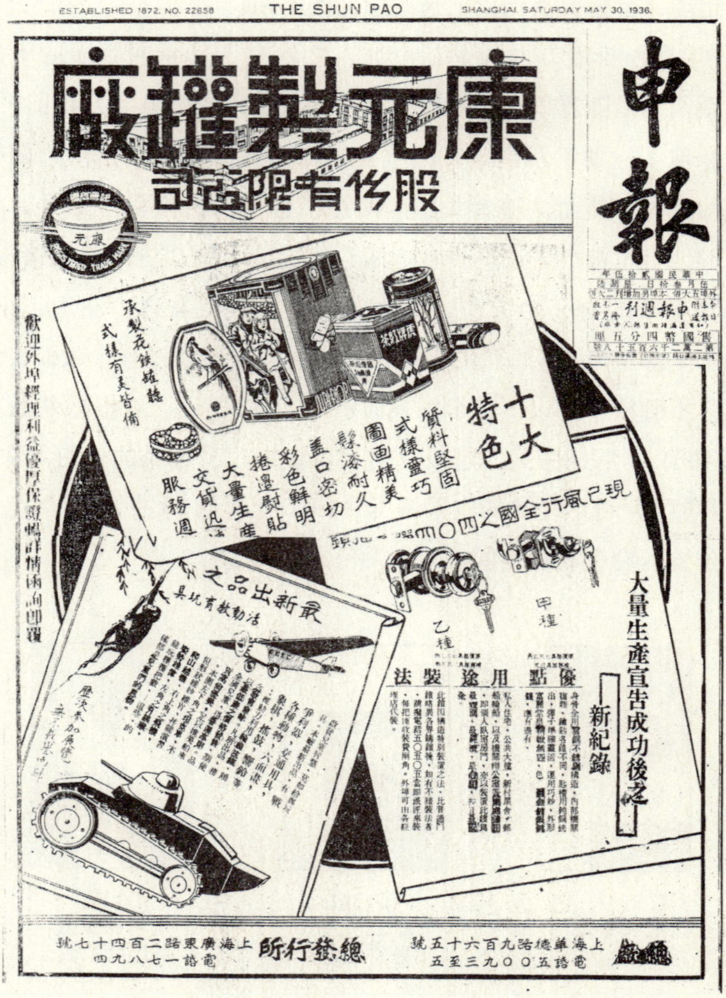
ESTABLISHED 1872. NO. 22658 THE SHUN PAO SHANGHAI. SATURDAY MAY 30, 1936.

申報

康元製罐廠股份有限公司

承製花鉄罐聽 式樣有美皆備

十大特色

質料堅固 式樣靈巧 圖画精美 緣漆耐久 蓋口密切 彩色鮮明 捲邊熨貼 大量生産 交貨迅速 服務週

歡迎外埠經理利益優厚保證暢銷詳情函詢即覆

大量生產宣告成功後之新紀錄

優點 用途 裝法

最新出品之活動教育玩具

總發行所 上海廣東路二百四十七號 電話一七八九四

上海華德路九百六十五號 電話五〇〇九三至五

《申报》原版缩微图：头版

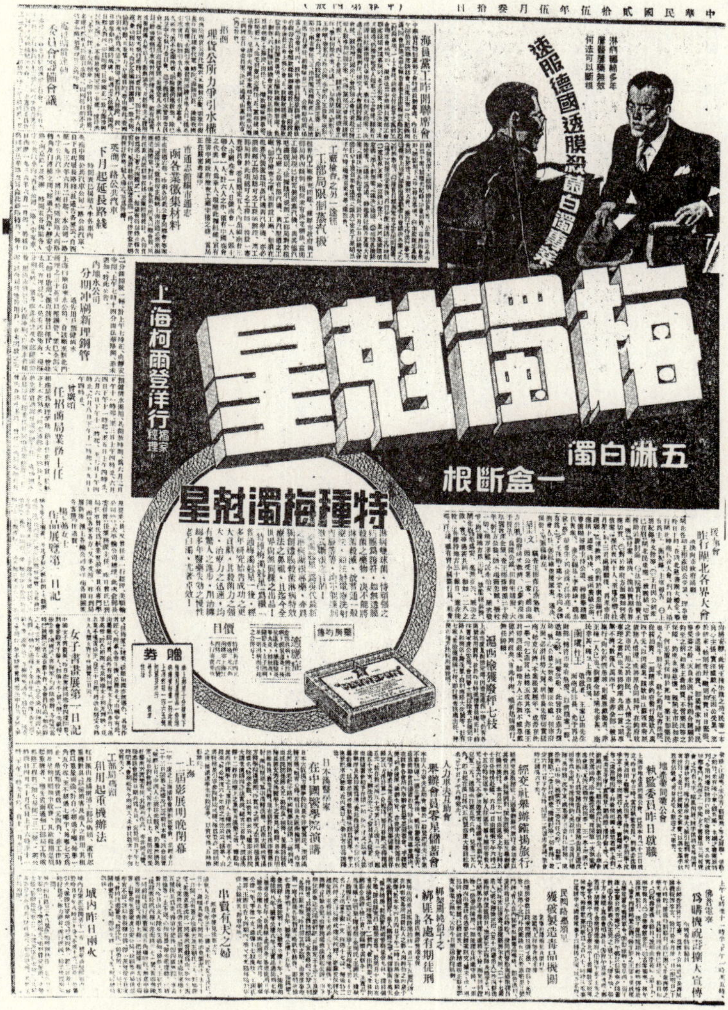

中華民國貳拾伍年伍月叁拾日

速服德國透膜殺菌白濁聖藥

梅濁尅星

五淋白濁 一盒斷根

上海柯爾登洋行 獨家經理

特種梅濁尅星

贈券

理貨公所力爭引水權

工部局限制蒸汽機

下月起延長路綫

任招商局業務主任

女子書畫展第一日記

《申报》原版缩微图：第 13 版

《申报》原版缩微图：第 14 版

一份报纸如果把某版上部分或下部分固定地用来登载广告并一直沿用不变，就既不会冒犯广告商，也不会减少收入，同时也会极大地方便读者。然而《申报》似乎只顾及眼前利益，这才是它的出版商唯一关注的因素。

为避免被人谴责歪曲事实、瞎编故事，让我引用戈公振先生的如下论述：

> 我国报纸所载之新闻，苟以充篇幅而已。叙一事也，常首尾不具，前后矛盾，同一事也，而一日散见二三处，重见二三处，无系统，无组织，浮词满纸，不得要领。其故前者由于访员不研究纪事之法，以抄录为范围，后者由于编辑不为读者着想，以省事为要诀。累累数十页之报纸，而精彩黯然，此极可惜之事也。[①]

为了证明戈先生关于目前的新闻未能编辑得当的论述的真实性，我在今天（1936 年 5 月 30 日）的报纸上随意挑选了五篇关于华北走私状况的报道。每篇标题各异，分散在三个不同的版面上（有三篇报道在第 6 版，另外两篇则被其他新闻隔开，一篇在第 15 版，一篇是一则海关声明，排在第 11 版的“城市新闻”栏目中）。另外一个重复报道的例子是关于中国海员工会的活动，总共有四篇报道，标题不同，有三篇在第 12 版，另外一篇是对以上三篇的重复，排在第 13 版。第一篇报道是关于海员工会为庆祝蒋介石生日的基金会极力筹措资金；第二篇报道是关于海员工会如何为即将到来的全民大会选代表；第三篇则涉及海员工会在禁止鸦片方面的一些商议；而第四篇则是对海员工会以上三项活动的大体进程的报道，基本重复了前三则报道的内容，而且很明显是由海员工会自己发布的。

---

① 戈公振：《中国报学史》，第 218 页。

应该承认，中国报业从整体来说在许多重要方面都取得了可观而稳步的进展，许多编辑精良的报纸可以证实这一点，如《大公报》以及最近停刊的上海《晨报》。《时事新报》也对头版的编排作出改进，这份报纸现在才在与《申报》的竞争中崭露头角。报业竞争迫使最老派的保守报纸也得与时俱进地进行革新。以《申报》为例，两年前《申报》开始觉醒，非常成功地增加了周末画报增刊和其他各种增刊。中国报业在内容方面的主要进步可归纳如下：第一，许多进步报纸已经学会创作吸引眼球的标题，编辑开始增加副标题，这一点连《申报》的编辑有时也不会忘记。不过我怀疑极少编辑会重写记者交来的稿件。第二，教育新闻和体育新闻的报道受到极大重视，如最近举办的远东奥运会和全国运动会更让体育新闻报道受到关注。大部分报纸的财经版块都体现出优秀的编辑水平，绝大多数大报每天或每周都有艺术、文学、电影、健康和女性方面的副刊或增刊。《申报》开辟了一个针对儿童并由儿童自己写稿的每周专题；而上海《晨报》则每三天出一次《儿童早报》，这份增刊销量极好，以致在上海《晨报》被迫停刊（1936 年 1 月）后，《儿童早报》仍旧继续发行。中国报纸上的女性副刊和英文报纸上的女性副刊完全不同，英文报纸上那些指点女性读者如何煮食防风根或菠菜、如何在参加马会或各种休闲聚会时着装打扮的内容，在中国报纸的女性版面上完全不见踪迹，取而代之的是有关女性权利、家庭责任和如何正确抚养婴儿的科教文章。除了以上列举的这些较好报纸的例子，《申报》偶尔也尝试编发特别报道或者特写文章，并且刊登南京国民党中央宣传部旗下中央广播电台播出的知识讲座，但这样做其实意义不大，这些稿件或多或少都是机械照搬的呆板文章。读者爱看的自然科学专栏在所有的中国报纸上都比较缺乏，而其中唯一的相关专栏——《申报》的“健康专刊”不过是为其所登广告摇旗呐喊的预留地罢了。

副刊的进步有目共睹，然而，像《申报》这样的报纸，它的新闻写作和报道却很难令人满意。从中我们可以观察当今中国新闻报道所遵循的某些原则，对此，我归纳出以下五条：其一，新闻必须与官方一致；其二，报道应该正确适当；其三，新闻应该友好亲善；其四，新闻要能够经受时间考验；其五，新闻应该保持原样。明眼人一看便知道这些原则与强调客观、真实、引发公众讨论、快捷和精心编辑的新闻原则相悖。

与西方报纸一样，中国报纸也时常发表有关公共事件的官方声明。与西方媒体不同的是，中国报纸通常只把官方发布的消息作为报道的唯一来源，但从不表明这类消息来自“官方机构”。1936 年 3 月 25 日，在复旦大学（上海江湾）发生的一起众所周知的学生因举行反对日本侵略的游行活动而被指控为“共党分子”的事件，可用作中国媒体只发官方消息的例证。3 月 24 日午夜，警察突袭校园，还冲进女生宿舍搜捕学生，以阻止学生策划抗议华北局势的大规模游行。《大美晚报》（*Shanghai Evening Post and Mercury*）刊发了双栏标题文章报道此事：

中国警方午夜三点突袭复旦　8 人被捕学生群情激愤

大批保安军警进驻校园　市政中心大规模游行被镇压

3 月 26 日英国《字林西报》也在头版刊登如下报道：

官方发表的声明称，信奉共产主义的学生应对事件中受伤巡警负责。学校方面和学生则表示，警察开火时有巡警受伤是缘于某警察手枪发生故障的意外事故。当时此警察正在检查武器，手枪突然走火……

几周以前，复旦大学的优秀进步学生曾作为机车工程师为铁路服务，他们将一辆火车开到苏州，自觉遵守车上秩序，对存放在餐车里的酒一滴未沾，还尽力修复了至南京段的破损铁轨。就是这样的学生，在巡警受伤事件发生当天，迅速机灵地拿起相机来武装自己。手枪走火事故发生在白天，学生们不仅抓拍到了事故发生的瞬间，还用相机记录了一位警察手持警棍殴打老校长李登辉[1]的恶行。学生们后来把照片呈交教育部，向教育部部长证实了自己的清白。但这些细节全没见报，《申报》只是在3月26日，第2版“城市新闻”版块下安插了以下这篇发自中央社的标题很小的“官方”版本：

复旦大学前昨捕获共党七名

——少数共党嗾同学组纠察队禁阻枪伤校外警察队长及警察二名

中央社云，淞沪警备司令部据报，复旦大学学生中，有少数共党阴谋煽动捣乱，殊足影响治安。为执行治安紧急法起见，特令公安局于前晚（二十四）派警前往该校，逮捕共党黄援山、莫自新、包毅、蒋文蒸、郑通骘、江南俊六名，复于昨午（二十五）续获杨伯鹏一名。讵料该校尚有少数共党，嗾使同学纠察队，严守前后校门，禁阻同学出入，并由内开枪二十余响，击伤校外公安局警察总队第三中队长李备武及警察二名，伤势李队长较重，当即分别送往江湾医院医治。司令部当以学生中少数共党分子如此猖獗，为维持治安计，责成该校当局即日交出开枪之共党分子，并晓谕善良学生，勿受共党利用，各安学业，以免事态扩大云。

在此，我将全文摘译是因为这篇报道能解答许多国际人士的疑惑，即像中国这样一个不乏电台和报纸的现代国家，面对外强侵略

① 李登辉（1872—1947），字腾飞，祖籍福建，生于印尼华侨家庭，是受人尊敬的复旦老校长。——译注

为何会表现出这么一副若无其事、奴颜婢膝的嘴脸。当局对学生的指控恰恰反证了只有共产党才是赤心爱国和反抗侵略的。难道真有必要指出这种说法是不全面的吗？我觉得当局的指控是对全中国的蔑视，千千万万中国人都是忠心爱国、抵抗侵略的，事实上那七名[①]被捕的学生后来证实并非共产党员，最终获释。

说到这里，我们暂时停下来看看当今中国的舆论状况。目前，中国的舆论就像一个沸腾的锅炉，对日本侵略的刻骨仇恨就似熊熊烈焰喷向锅炉，然而，从紧压着锅炉的铁盖下冒出的蒸汽却只是零星可见。这压抑的锅炉会在何时何地突然爆发——也许在某场日俄战争期间——没人能预料，但可以肯定的是，等到所有蒸汽原子都积聚爆发的那一天，它会释放出惊天动地的能量。与 1915—1926 年期间的状况相比，也许我们应该对目前的局势感到满意，现在没有大规模集会，没有游行示威，没有罢工，没有尖锐的社评，也没有公开的抵制，实际上公开抵制是难以想象的。对于中国人“冷漠”的谜团，我想，只要是读过宋朝学生运动章节（第六章）的读者和那些知道或仍然记得中国大规模运动的威力、见识过“五卅”运动（1925 年）中中国人集合舆论奋起示威的人，就不会把这个冷漠的症结归咎于人民。1936 年一、二月间再次爆发的学生运动眼看也将蔓延开来，形成全国性的运动——而这正是较之整个中国军队更令日本侵略者害怕的事情。这次运动的确在全国范围内蔓延开来，所不同的只是商会没有任何响应。但是，运动很快结束，这也是日本侵略者梦寐以求的。运动被迫结束的根源在于，中央政府于 1936 年 2 月 20 日颁布了以下法令。正是在启动防止“危害国家安全”的“应急法令”的幌子下，复旦大学的学生才会被“合法”拘捕，学生运动才会被“合法”扼杀。

---

① 实为七名，此处为林语堂笔误。——译注

一、遇有扰乱秩序鼓煽暴动破坏交通以及其他危害国家之事变发生时负有公安责任之军警得以武力或其他有效方法制止。

二、遇有以文字图画演说或其他方法而为前项犯罪宣传者得当场逮捕并得于必要时以武力或其他有效方法排除其抵拒。

三、军警遇有妨害秩序煽惑民众之集会游行应立予解散并得逮捕首谋者及抵拒解散之人。

四、军警遇有前述各项之事变时应将当场拥有武器者立即缴械及逮捕之并得搜捕嫌疑犯。

五、明知为违犯本办法之人犯而藏匿容留或使之隐避者得逮捕之。

六、军警于处理事变时应立即报告该管上级长官。

前面列举的中国新闻报道的其他原则部分源自中国社会传统，部分来自文学传统的影响。中国新闻报道一般都缺乏活力，因为旧的文学传统极易陷入某种陈腐的“妥当”叙事方式。这是一种单调、淡漠、呆板、毫无棱角的文风。单调源自一种已丧失生命力的写作形式，这是只有极少数学士才掌握得得心应手的形式，就好像人们在用外语会话时也会因词汇不足而显得单调一样。但这种单调和淡漠现在却演变成新闻写作的“规范”，大部分没有勇气打破常规的记者只能以此为准。提倡使用“白话文”或口语解放了新闻写作的方式，为其改革带来了无限可能和生机，但影响新闻报道的社会因素仍然需要被考虑。危及高官显要及其利益的新闻将会遭到严厉打压是中西方报业完全相似的地方。在我写本章时，如能把最近上海渔业罢工的真相用作例子，这一点就一目了然了。但公布真相就会冒犯中国商会某位重要人士，而如果只采用此事件的官方版本，就和其他用官方公布的陈词滥调来欺骗读者的做法没什么两样了。这就是“正确适当”的代价。在如今的中国，培训一批真正懂得把手上的线索变成新闻的有竞争力的记者，已经是刻不容缓的事情了。

新闻要“友好亲善”，意味着对一切发生在这个国家的真正重要的政治运动都保持沉默。1935年，当局正式禁止一切有可能“有损国际友谊”的新闻见报。“国际友谊”这个词就如同《塘沽协定》一样，用以掩盖一切不宜说出口的内容，就像道家的神奇葫芦，谁也不知道里面卖的是什么药。当日本军队的铁蹄踏入察哈尔时，中方则运送一车皮又一车皮的士兵从北平南下，以避免与长驱直入的日本军队发生冲突。其间，北平的居民如果单从报纸上获取信息，可能会觉得无事发生，换言之，北方前线依然是“风平浪静”的。中日之间的这种荒谬友谊，所有诚实的中国人和日本人都知道纯属谎言，不过在日本领事和军官首先提出“友谊”的说法之后，中国当局也就自欺欺人地领受了。由此，我们就能解释为什么朝鲜人和日本浪人打着日本保护的旗号在华北地区走私一年多却仍旧没有引起中国公众的注意了。直到今年四月底，当走私已经猖獗到完全无视中国海关的存在，上海的外国报纸开始用醒目的标题报道此事时，中国报纸仍然不闻不问，唯恐伤害了“国际友谊”。甚至当海关当局就此事发表官方声明，所有外国报纸都在头版用双栏标题刊登此文的时候，《申报》也仅仅是在“城市新闻”的版块下挤出一点位置报道此事。一直等到全球皆知外电报道了此事，英美两国开始对此采取行动，有关走私的新闻才终于上了中国报纸的头版。这种事情在1919年或1925年是闻所未闻的。

最后两个原则，新闻要能“经受时间考验”意味着新闻应该迟发；“保持原样”则意味着新闻一交到报社就可以刊发，编辑最好少碰为妙。提出这一点的原因不言自明，编辑对通讯社送来的新闻改动越少，对其刊发后果承担的法律责任就越小。

对于中国的新闻报道，我有三点批评。其一，政治新闻比重太大，这也是以前《京报》和中国知识分子思维的遗留影响；其二，缺乏精彩的新闻报道和受过良好教育及训练的新闻记者；其三，新闻写作单调枯燥，乏善可陈。前文提过，这一点源自文学传统，必须从外部革新，现时呆板无趣的文风才能重获生机。

也许中国报界的新闻报道的大体情形与英文报业相差无几。可以肯定地讲，无论是在中国还是美国，最不懂判断和鉴赏报纸新闻报道的人往往是编辑。然而，在前文所列中国新闻报道的原则影响下出炉的新闻，就俨然只是某机构通告的官方版本的复制品，阅读此类文章的中国读者长此以往就渴望领略更生动、更人性化的细节，探求更多的“内情真相”。这种渴求造就了种种小报，这些报纸在中国被称为“蚊子媒体”或“蚊报”。简而言之，蚊报的产生是由于大报未尽其责——没能满足大众的需求。如果说蚊报明显有意降低办报标准的话，这仍应归咎于大报未能尽如人意。蚊报的主要特点与蚊子这种昆虫的特性一样，可归纳为以下几条：第一，随时攻击咬人；第二，常常四处聚集；第三，最会溜之大吉；第四，不嫌事小利薄；第五，有意制造噪音。然而，站在蚊报的立场来说，当大报对真正重要的事件总是三缄其口、一片死寂时，蚊子们发出的哪怕是最微弱的嗡鸣都能让中国读者倍感振奋。这就能说明为什么蚊报已经取代了大报的地位，成为百姓喜闻乐见的大众读物了。

有些小报是日报，有些则是每两天或三天出版发行一次。仅1928—1932年间就有几百份小报面世，有的只有小小一张纸，有的靠爆“猛料”敛财来维持。1932年以后，各种周刊和期刊蓬勃发展，它们取而代之成为最受欢迎的通俗读物。一部分制作较好、较负责任的蚊报得以维持，还有少数几份报纸的质量不断稳步提高。1935年创立的《立报》，虽然以通俗小报的形式出现，但严格说来却并不属于小报的阵营。此报试图以普通百姓能够接受的价格提供每天最重要的时政和社会新闻。

从1922年12月起，《清华学报》（第二卷）对五份报纸的内容进行了为期40天的跟踪分析。分析结果表明报纸的非新闻内容最主要的是广告，另外加上比例很小的社评和各种副刊。对1936年5月30日这天的《申报》的分析结果如下：

广告	新闻	社评等	全部
18.25版	8版	1.75版	28版

八版新闻中值得一读的寥寥无几，并且这八版还被分散在13个版面，其中头版（第3版）只包含2/5版新闻；第7～9版都是国际新闻（加起来只有一版新闻）；第9～10版是外埠新闻；第11～13版是城市新闻；第14～15版专门刊登犯罪或其他各类消息，但这两版和城市新闻的区分并不十分严格；第16版包含1/2版体育新闻和3/10版教育新闻；第17版是唯一没有刊登任何广告而只发布市场消息的版面；第19版的女性副刊占3/4个版面；第18版的“现代医药副刊”占半个版面，其实不过是个幌子，实质上就是江湖游医的性病治疗广告；最后八版所谓“本地副刊”几乎都是电影、剧院和其他休闲活动的广告，剩下仅有3/4个版面充塞了几篇小短文。这个随意的分析也显示八版中有一版用以刊登国际新闻，当代的日报都是如此，相比五年前，这一点倒是个显著的进步（参见以下两表）。

5份代表性报纸的新闻与非新闻内容比例分析（1922）

报纸	非新闻	全部新闻	新闻分类					
			时政	经济	文化	社会	罪案	其他
《申报》（上海）	72%	28%	24.6%	33.7%	7.4%	12.2%	6.1%	16.0%
《晨报》（北京）	66%	34%	39.3%	27.7%	9.1%	7.5%	7.4%	7.0%
《益世报》（天津）	80%	20%	51.4%	19.3%	4.3%	10.3%	3.2%	11.6%

（续上表）

报纸	非新闻	全部新闻	新闻分类					
			时政	经济	文化	社会	罪案	其他
《中西报》（汉口）	67%	33%	49.1%	18.3%	3.7%	18.1%	2.4%	9.0%
《七十二行商报》（广州）	61%	39%	23.8%	15.9%	12.3%	25.2%	14.0%	8.3%

5份代表性报纸的国内新闻与国际新闻内容比例分析（1922）

报纸	国内新闻	国际新闻
《申报》（上海）	96%	4%
《晨报》（北京）	82%	18%
《益世报》（天津）	96%	4%
《中西报》（汉口）	97%	3%
《七十二行商报》（广州）	100%	—

中国是江湖游医理想的自由国度，江湖游医是随着报刊的发展而出现的现代社会新毒瘤。这一现象实在让人念及生厌，如果医学职业道德不发展，文字写作仍然不规范，那些医生或读者就始终不知羞愧。比如，在“本地副刊”的标题正下方安排的最显眼的内容竟是关于“割包皮”的广告。中西方在所谓守礼得体方面自有不同，人人都认同礼仪没有绝对的标准，但是撇开这一点不谈，那些总是对各类性病夸大其词、危言耸听的虚假广告对中国的男男女女造成了难以言说的心理伤害。每天，这些江湖游医在“医药副刊”刊登的广告都会出现“遗精”、“手淫”、“阳痿”、“梅毒”、“淋病”等字眼，读者眼之所见，长此以往会对正常的性功能产生可怕的阴暗的印象。更加糟糕的是，《申报》有不止一期这样的副刊，它竟然还在不同时间排发四期这样的“医药副刊”或“健康副刊”，任由不

同群体的游医为自己所售的膏药摇旗呐喊。除了这些中国狗皮膏药以外，还有一些在欧洲生产的专利药品，也是专门针对中国人的特定消费需求的，尤以“补精壮阳”的西药种类最多。这类药在中国有如此广阔的市场，一是因为这类伪科学的医药在西洋科学的威望下得以畅行无阻，二是一般中国人的身体肯定有某个地方要出毛病，三是中国人自古已有服用各种补药的传统，可谓源远流长。

根据国民党宣传委员会新闻审查部和内政部的资料，《1935 年中国年鉴》对中国的报纸数目作了如下统计：

南京	38	陕西	10
北平	92	河北	15
江苏	237	湖北	16
安徽	43	广东	20
山东	39	福建	28
河南	36	甘肃	7
湖南	94	山西	9
云南	15	广西	8
贵州	3	宁夏	1
绥远	9	青海	1
四川	29	察哈尔	5
上海	41	汉口	37
青岛	15	广州	17
江西	20	天津	25

总数为 910 份。其中大报的数目实际上少得可怜。《1935 年申报年鉴》中列出了每期有一张或多张大版面的报纸名单（报纸名称在此省略）。

七个自治城市

上海	15	天津	9
南京	11	广州	14
汉口	13	青岛	14
北平	16		

各省

江苏	45	河南	7
浙江	40	山东	8
安徽	16	陕西	3
江西	9	山西	5
湖南	6	察哈尔	1
四川	23	绥远	2
云南	8	甘肃	4
贵州	2	宁夏	2
广西	6	青海	3
广东	22	迪化	1
福建	11		

由此统计出大报约有313[①]份。这些数字均出自申时电讯社出版的《报学季刊》。除此之外，它还统计了海外中文报纸的数目。

香港	20	新加坡	7
檀香山	2	马尼拉	3
古巴	3	安南	3

① 应为316，此处为林语堂笔误。——译注

（续上表）

旧金山	4	西贡	1
悉尼	4	苏腊巴亚	3
纽约	2	暹罗	4
芝加哥	1	苏门答腊	2
伦敦	1	莫利塞（Mo-li-sze）（？）	1
牙买加	1	巴达维亚	3
加拿大	4	仰光	2
南非	1	槟榔屿	1
秘鲁	2	基隆	1
巴拿马	1		

有关中国报纸的发行量，《1933 年申报年鉴》公布了如下数字，不过这些数字都是由出版商自己公布的，应该打个折扣。除此之外没有更精确的统计数据可供查询。发行量超过 15 万份的两家报纸：

《申报》（上海）	150 000
《新晚报》（上海）	150 000

这两个大概的数字说明它们并非实际的计算结果，这两个竞争对手的发行量一模一样，大概是因为年鉴的编辑不想开罪任何一方地。发行量超过 1 万份的 12 家报纸如下：

《大公报》（天津）	35 000
《时报》（《东方时报》）（上海）	35 000
《益世报》（天津）	35 000
《午报》（天津）	25 000

《公评报》(广州)	20 000
《国民日报》(上海，已停刊)	20 000
《国华报》(广州)	16 000
《中央日报》(南京)	15 000
《广州民国日报》(广州)	15 000
《庸报》(天津)	15 000
《大中华报》(广州)	12 000
《七十二行商报》(广州)	10 000

发行量超过 5 000 份的 17 家报纸如下：

《益世报》(天津)	9 000
《中华晚报》(上海)	9 000
《新报》(天津)	9 000
《商业日报》(北平)	8 500
《世界日报》(北平)	8 500
《北平全民报》(北平)	8 000
《京报》(北平)	7 300
《北平晨报》(北平)	7 000
《华北新闻》(天津)	7 000
《新醒报》(广州)	7 000
《武汉日报》(汉口)	7 000
《汉口中西报》(汉口)	7 000
《粤华报》(广州)	7 000
《华北日报》(北平)	6 000
《共和报》(广州)	5 000
《杭州民国日报》(杭州)	5 000

《河南民报》(开封)	5 000

很明显，就报纸数量和发行量来说，中国报业在过去 10 年取得了稳步发展。俄国学者柏烈伟（S. A. Polevoy）著作中公布了 1895—1912 年中国报纸的数目，我又在此基础上添加了不同于罗文达（Rudolf Löwenthal）教授引用的一些数据①。

中国报纸的增长

1895 年前	7
1895 年	19
1903 年	65
1907 年	123
1910 年	250
1912 年	500
1921 年	550
1926 年	628
1936 年	910

1921 年和 1926 年的数字已经在以前的章节提到过。罗文达博士公布的 1935 年的数字是 746 份（除去伪满洲国的 50 份和海外的 76 份）或总共是 872 份，这是基于内政部在不同时期公布的数据得出的。由于各种报刊办办停停，情况总在变化，因此绝对精确的数字是难以统计的。

也许邮局的数据能够使我们更清楚可靠地看到报纸的影响力在

① 《中国报刊》(*The Periodical Press of China*)，符拉迪沃斯托克，1913 年版。转引自燕京大学新闻学教授罗文达（Rudolf Löwenthal）博士《中国新闻之现状》(*The Present Status of the Press in China*)（中华公教教育联合会丛刊，北平，1936 年 1 月）。

不断增强，不过邮局的数据没有包括不经过邮政服务的本地派送。下表数据中，1922—1924 年期间的数据出自戈公振先生的《中国报学史》，1932—1934 年的出自《1935 年中国年鉴》。两组数据相隔十年，从中能够清楚地看出期间中国报业取得的进展。

1922—1924 年与 1932—1934 年期间通过邮局派送的中国报纸数量

	平常或立券邮递报纸	包裹邮递报纸	总数
1922	43 024 700	29 764 400	72 789 100
1931—1932（财政年度）	129 828 300	56 659 000	186 487 300
1923	43 375 525	35 344 801	80 720 326
1932—1933	125 065 800	55 593 700	180 659 500
1924	50 009 074	46 890 300	96 899 374
1933—1934	140 287 500	56 380 300	196 667 800

这些数据表明过去十年中国报纸以平均 125% 的速度增长。

关于报纸的区域发行量，1935 年《中国报刊目录》[①] 作出如下分析。应该指出，虽然发行数据由出版商自己公布，但这并不影响各区域发行量的百分比。下表第一列更准确地说应该是“报刊印刷量”，因为有些大报在出版省份之外也有发行。我在这个表上增加了《申报》1935 年 5 月纪念册上公布的区域发行数据。

① 广告代理商 Carl Crow，Inc. 1935 年于上海出版《中国报刊目录》[*Newspaper Directory of China*（*Including HongKong*）]。

1935 年前中国报纸（《申报》单独列出）的区域发行量

	报纸发行量	人口数量（百万）	每万人平均发行量	《申报》发行量	
安徽	23 532	19.832	11	12 400	
浙江	103 242	22.043	46	14 300	
大连	120 050	0.300	4 000	—	
福建	50 395	13.157	45	3 050	
河南	36 120	30.831	11	6 800	
香港	276 700	0.513	5 393	—	
河北	520 400	34.186	152	1 550	
湖南	52 300	28.443	18	1 450	
湖北	114 600	27.167	41	6 050	
甘肃	2 945	5.927	4	160	
江西	37 000	24.466	15	8 650	
江苏	1 139 080	33.786	337	91 000	
广西	14 100	12.258	11	400	
广东	260 800	37.167	70	2 100	
贵州	3 400	11.114	3	100	
澳门	11 200	0.078	140	—	
满洲	118 100	20.000	95	—	
陕西	23 100	11.030	20	300	
山东	122 500	30.803	39	6 250	
山西	27 700	9.465	29	220	
绥远	5 600	11.900	29	75	
四川	97 700	49.782	19	260	
云南	82 200	9.839	84	200	
总数	3 242 764	444.087	平均 70	察哈尔	80
				西康	65

（续上表）

	报纸发行量	人口数量（百万）	每万人平均发行量	《申报》发行量	
				宁夏	42
				新疆	38
				青海	24
				西藏	16
				蒙古	10
				国外	310
				总数	155 900

好几位以中国报业为著作题材的人都曾指出，我们应该意识到，一份报纸在中国被人传阅的数目远胜于西方，通常这个数目是 10 人。由此可以得出结论，每天看报的人数超过 3 000 万，平均每 1 万人中就有 700 名报纸读者，即全中国人口的 7%。考虑到出版商自己公布的数字难免夸大，那么每 1 万人中有 500 名读者或者全国人口的 5%，应该是确定无疑的。

第十二章　当代期刊

期刊是一个国家文化进步的最好体现。期刊不同于书籍，归根结底，其功能是作为一种媒介，起到教育群众、观察最重要的国内外形势、提倡文学艺术和新思想运动以及不断引导思想潮流和修正错误的作用。期刊文学是当代的文学，如同真正的好书一样，应该经得起时间的考验。许多期刊的兴衰与文学史上各次运动密切相关。因此，许多期刊的出现和消失都是非常自然的，它们完成了某种使命，然后就告别公众；它们做了一些事情，也留下一些事情没有做；如果有好的编辑，有些事情也许会做得更好。在这个意义上，一份期刊就像一个人，生命虽短，却影响着他所处的时代，也受到这个时代的影响，他的贡献大小取决于其个性与能力。

在动荡的时代，在像今日中国这样一个正在经历激烈的社会和政治变革的国度，期刊的寿命更是短暂。中国没有一份期刊像《黑木》（*Blackwood's Magazine*）或《双周评论》（*The Fortnightly Review*）那样拥有一百多年的历史。首先，因为中国的期刊文学起步较晚。至今最老的一份杂志是具有 36 年历史的《东方杂志》，它之所以能维持下来是因为它得到了中国最大的出版公司——商务印书馆的支持。在像中国这样一个不稳定而且普通出版公司缺乏雄厚资金的国家里，杂志通常是由想拥有表达自己思想的媒介的穷学者组织创办的，或者由想利用杂志作为宣传工具的小出版公司创办。当这些学者的组织发生分裂，其中的一些成员去了日本或美国，或者编辑认为对政府的批评已经足够，决定在政府中谋取一官半职，为帮助政府“重建”国家贡献自己才华的时候，杂志的方针和风格就会发生变化，杂志也会挣扎着生存一阵而最终消亡。

在中国，另一个常常威胁并实际影响期刊生存的重要因素就是检查和禁令。1934年政府的一条禁令就扼杀了当时最受读者欢迎、发展前景最好的《生活周刊》。该杂志年发行量达到15.5万份，因为刊登了一篇据说是鼓励福建叛乱的文章而遭到查封。之后其编辑邹韬奋去了英国，该杂志更名为《新生》周刊后继续出版发行，但不久又因刊登了一篇涉及日本天皇的文章而被停刊。文章的作者逃跑了，出版人杜重远先生被判14个月监禁，他没有上诉。当时，原《生活周刊》的编辑回到国内，创办了一份名为《大众生活》的新周刊，又遭到查封。左派或明显的共产主义组织创办的出版物就这样不断地消亡，又不断地以新的名称出现，这种情况出现的频率越来越高，间隔时间越来越短。我把这作为事实记录下来，并不是对国家的政策作评判。除了政府查封外，大多数杂志的平均生存周期为一至四五年，停刊的原因自然是上面提到的那些。

也许情况就应该是这样，也许有人希望情况是另外一个样子，即希望在中国看到一份能够在将来延续数十年的历史性的杂志。中国的杂志虽然寿命不长，但富有活力而且多产。中国期刊文学已经进入了一个可以称之为“全盛”的时期。我们的杂志已经达到了高度专业化水平，专业杂志包括摄影、无线电、体育、妇女和家庭、艺术、电影、航空、自然科学、画报及其他专业和技术类别。与1911—1926年这一时期相比，我们的知识传播不再是单一的，正在成长的一代人可以选择阅读任何一份杂志来满足自己。在中国读者的心目中，1934年被称为“杂志年”。

关于当代中国期刊文学种类和数量的一些统计数字相当鼓舞人心。《1935年中国年鉴》列出在内政部注册的450种期刊主要分布在以下地区：上海99种，河北和南京各49种，北京47种，江苏25

种，湖北23种，广东21种等。但是，前面提到的文章作者，商务印书馆经理王云五先生认为，实际的数量包括注册的和没有注册的，据“保守的估计”也不会“少于900种”。这一说法的根据是，虽然上海注册发行的期刊只有99种，但是，《1935年上海年鉴》显示，上海1934年发行的期刊有212种之多。根据《1935年中国年鉴》的统计数据，“综合”类期刊52种排第一，“社会科学”类51种紧随其后，“实用艺术”类38种排第三，“美术”类35种排第四，“文学”类29种排第五。

作为各类杂志中介的上海杂志公司公布了一份更新的杂志列表。上海杂志公司业务兴隆，其本身就说明了杂志文学的繁荣。以下是1935年12月的一份列表，其分类可能值得质疑，但要对它进行全面的再分类也是不可行的。

综合	35
导读	2
期刊及出版消息索引	8
文学	13
画报和摄影	21
戏剧、电影、音乐和娱乐	14
国际事务	8
法律和政府	12
经济学、统计学、商务和工业	32
农业	11
交通	10
建筑和技术	14
军事和警察	10
科学	15

学术杂志	24
交流电和无线电	13
教育和体育	18
医药和卫生	27
历史和地理	14
语言	9
青少年	22
妇女和家庭	13
总数	345

以下是生活书店于1936年1月18日公布的另一份列表。生活书店也做期刊中介，而且业务不错。

综合	37
国际事务	9
社会学、经济学和统计学	13
法律和政府	8
军事和交通	9
普通科学、化学和物理	8
交流电和无线电	8
工程和技术	10
商业和金融	19
农业和畜牧业	11
医药和卫生	13
妇女和家庭	11
教育和体育	15
语言	7

导读和期刊索引	7
文学	11
画报	9
电影	5
艺术和摄影	5
青少年	16
古典文学和宗教	9
历史和地理	7
	总数 255[①]

此外，还有很多没有经过这些中介组织的地方期刊和政府部门出版的简报，这些简报大部分很少在市面上出售。另外，日报还有各种特刊，就文学、小品文、幽默、书评、医药、妇女问题等，每周或每两周出版一期。严格说来，它们也属于期刊文学。因此，《1935年中国年鉴》的“保守估计”为900种是有道理的。

另外，还有一大批中文称之为“蚊报”的小报[②]。这些小报基本每三天出版一期，以满足读者对小道消息和幕后消息的需求，它们的存在主要是因为大报可读性差、品质堕落而且常常强奸民意。这些大报习惯于每天刊登十几万字的东西，而读者对这些东西完全不感兴趣，也不能从中了解当天真正重要的政治动态。我个人每天读《申报》只是浏览上面刊登的出版物和广告，即使我想读社论，也通常因为不知道它刊登在哪一页而放弃。它没有固定的位置，每天出现在哪个版面完全取决于当天广告的多寡。在报纸上找社论对我来说就像是玩猫捉老鼠的游戏一样。在这种情况下，蚊报的发展速度很快，两年前就达到了两百多家。

① 应为247，原书计算错误。——译注

② 参见第十一章。

当代期刊文学的繁荣有多个原因，其中最主要的一个原因是人民总体教育水平的提高。相当一部分期刊是官方资助的；另一部分，特别是技术杂志，则由学术团体支持，这种杂志往往亏本；更大一部分是商业性质的，其存亡取决于读者的数量。与美国杂志相比，中国杂志刊登的广告比重非常小，因此成本的负担必然落在读者身上。这样，许多二流和三流的出版物就逐步消亡了。

人民总体教育水平的提高还可以从中国每月出版的书籍数量得到印证。只要看一下出版社每天和每个月惊人的书籍出版数量，期刊出版能达到如此高的水平也就不足为怪了。1936 年 1 月 18 日出版的《大众生活》的“出版消息”列出了 1935 年 12 月 12 日至 1936 年 1 月 12 日一个月内出版的书籍种类和数量：

综合	3
哲学	4
教育	15
社会学	7
经济学	13
政治学和外交	9
法律	6
军事科学	3
自然科学	13
应用美术	8
医药和卫生	2
语文学	3
文学史和文学批评	7
小说	10
诗歌	8

戏剧	3
散文	9
美术	19
历史和地理	15
传记	2
青少年文学	13
总数	172

172 乘以 12 个月，每年总共 2 064 期[1]，与美国的 9 000 期、德国或日本的 27 000 期相比，这个数字显然少得可怜。但对于这个文学风格独特的国家来说，这个数字已经相当不错了。

进一步观察就能发现这些杂志属于哪一类。比如，属于综合类的《东方杂志》和《新中华》至少在性质上大致等同于《世界工作》（*World's Work*）和《哈波斯月刊》（*Harper's Monthly*）；《礼拜六》周刊已经出版 620 期，该杂志主要刊登煽情的偶尔夹杂本地土语的短篇小说和旧体诗；《养蜂月刊》可以说是十分专业的杂志代表。另外，还有一大批非常流行的画报和电影杂志。《良友》就是这类杂志的代表，内容包括中英文说明的漂亮照片、中国古代和现代绘画、中国的美丽山水、时事照片、中国古老的手工业（如墨条的制作）、四川盐井、少数几个肥臀裸女、中外电影明星等，偶尔也有妇女时装的式样。这类艺术杂志往往很好地利用人们对裸体的好奇心，以研究人体解剖、增进健康和介绍西方文明为目的，例如《唯美》杂志上刊登的全是裸体照片。《时代漫画》类似于美国刊载索格洛和科瓦瑞比斯风格的卡通画和素描的《吹牛大王》（*Ballyhoo*）。《外交月报》有点像英国的《外交事务》（*Foreign Affairs*），每期都

① 《1935 年中国年鉴》列出的 1934 年书籍出版总数是 2 263 期，而《1935 年申报年鉴》估计的数字是 1 890 期。

是很厚一本，每本售价40美分。《苏俄评论》已经出版9期。还有一批商业和贸易统计杂志。中国科学社是一个纯学术团体，它出版相当于美国《科学美国人》（*Scientific American*）的《科学画报》。《时事类编》由孙中山文化教育馆出版，其功能相当于美国的《生活时代》（*Live Age*）。孙中山文化教育馆还出版《期刊索引》月刊，每期都会列出从贸易、金融到制糖和苏联航空业状况等各类杂志的月发行量。《人文月刊》是一份普通杂志，但数年来它都刊登期刊索引，这已成为它的一大特色。教育领域的杂志有《文化与教育》、《小学教师》、《中学生》和具有25年历史的《教育杂志》，以及在江苏省教师中发行量相当大的《江苏教育》。还有一份专门报道中国公路建设的杂志，中国旅行社为促进旅游出版的《旅行杂志》，为开发西北省份出版的《向西北》。在我看来，青少年杂志是十分进步的，它为当代的青少年提供了很好的读物。与美国的妇女和家庭杂志相比，中国的同类杂志还处于初始阶段，部分是因为编辑们往往喜欢抽象的理论讨论，部分是因为中国的妇女还没有养成阅读杂志的习惯。我指的是普通家庭妇女，知识女性则往往喜欢阅读其他不是专门针对妇女的杂志。根据《人文月刊》1935年第12期统计，1935年10月所有杂志中有65篇文章报道意大利－埃塞俄比亚战争，24篇文章专门报道国际联盟的相关消息。

尽管中国的杂志种类繁多，但编辑和写作水平还没有达到西方的高度。比较起来，人们不难发现它们之间的许多差异。首先，中文的写作风格还没有适应大众的需要，写作只是限于少数人的一种具有优越性的行当，这种优越性对写作风格的影响很大。中国作家拿起笔首先想到的是炫耀他们的学问，他们任何时候都愿意论述德意志帝国的政治结构，或者对普鲁士国会与英国议会进行比较，而不愿意谈论与民生有关的事情。而中国的普通作家则像外国的普通作家一样，往往依赖从书本上摘录或者从外国杂志上抄袭。实际上，一位论述“近东政治概观”的作者只需要从一两本日本或英国杂志上窃取资料，拼凑起来，就成了自己的文章。我可以肯定我说的是事实，因为我所认识的那些论述近东政治局势的作家对巴尔干的地理位置都不太清楚。有人甚至将教科书的材料改写成文章。只要材料是真实准确的，我并不反对这样做。问题在于，当读者群扩大到不仅仅限于少数学者的时候，杂志文章的风格就必须要适应大众。我们必须使哲学从天上落到地面，使普通大众都能理解。我在做杂志编辑时，一直都在朝着这个方向努力，力求开创一种使普通大众都能读懂的写作风格。简单当然很好，但这样容易使文章空洞无物。正是由于这个原因，大多数作家都避免简单的写作风格。

当人们将中国杂志与西方杂志的文章相比较时，这种风格上的差异就显得十分明显。相对而言，目前的英语写作风格比中文的写作风格更接近口语。在中国，很少有人敢用口语体写作，即使有也是年轻的本土风格的捍卫者。为了提倡中文写作的简单风格，我极力宣传某些语录体经典作家，他们的词汇和句子结构甚至比现代本土风格作家的还要简单。事实上，人们可以用旧语录体像说话一样地写作而不必感到羞耻，同时可以用所谓的白话文体写出辞藻华丽、矫揉造作、晦涩难懂的文章。

这一文化传统的另一个影响是对所有杂志作者的影响。尽管有1917年的文化运动，写作对除了作家自己以外所有的人来说都还是一件神秘和令人敬畏的事情。在西方，流浪汉、刑满释放者、运送刚果奴隶的司机以及精神变态的老女仆，只要他们感到有故事要讲或者有创作灵感，他们都有勇气为杂志写文章或者写书。比如，美国杂志常常会刊登城市消防队负责人撰写的关于灭火技术的文章、空军或航空学校长官撰写的关于“飞行仍然有危险”的文章以及出版社前编辑们写的关于教材出版形势的文章。而像亨利·福特（Henry Ford）这样的企业家也写自己的生平。西方杂志业出现这种可喜的状况，首先是因为英语写作相对简单，因此通过写作来表达自己的思想已经不再是神秘的事了。在西方，受过教育的普通人都相信，只要他说出自己不得不说的事情，他写的东西就有人购买。不注重语法、修辞和标点符号的倾向也使现代英语写作风格摆脱了矫揉造作和过分精雕细琢的困境。一个刑满释放者如果真有故事讲，而且带着热情来讲，他写的英语文章也许最不符合语法，却最有感染力。

中国的本土风格还没有达到这一地步。国民党元老吴稚晖是唯一一位健在的用口语体写作而不怕被人嘲笑为粗俗的中国人，然而他的文章总能使很多读者着迷。中国没有亨利·福特式的人物，但是即使有中国的亨利·福特，他做梦也不会想到写自己的生平。也许美国的亨利·福特实际上也不是自己写，但我想至少大部分都是他口授的，英语写作传统使他感到他可以写上一两行而不会有无能的感觉。中国的情况则是这样，当杂志编辑需要一篇关于目前阶段的飞行危险或安全的文章时，他找到航空部门的头儿，航空部门的头儿从来不亲自动手，而是把任务交给一个文笔出众的秘书。于是，秘书就从拯救国家的角度，写出一篇关于航空重要性的文章，其开头是这样的："航空业是拯救国家最重要的行业。"用英语这样说似乎很容易，但在中文文章里就不那么容易了。在整个中国文化史中，写这样的简单句是最难的，需要花费很大的精力。虽然这种传统正在被打破，但写作在今天仍然被普遍认为是少数训练有素的专家的行当。中国的杂志编辑做梦也不会想向消防部门的头儿约稿，即使他这样做，消防部门的头儿也会认为编辑是在开他的玩笑。

这里还有一个钱的问题。美国杂志按每篇文章 100 美元或 200 美元的标准支付稿酬，而中国杂志按 1 000 字 3 美元或 4 美元支付。在中国，写作是报酬最低的工作之一，靠为杂志写文章的普通作者的收入远远低于高级汽车修理工的收入，这样的报酬当然不可能吸引企业的管理人员为杂志写文章。然而，这不能怪杂志编辑，因为中国的物价普遍较低，中国杂志至少需要5 000份的发行量才能生存。一本50页的杂志，售价仅10美分，除去成本，给作者的稿酬就所剩无几了。卖给书商打七折，出版社每本实际只得7美分，其中的一美分或半美分还可能用来冲抵坏账，印刷和纸张成本约3美分，经费开支0.5美分，剩下给编辑和作者的只有2美分。有时候，某些一流作者的稿酬可高达1 000字10美元，不过这是罕见的例外。

文化传统的第三个影响是，中国作者从来不愿意为写一篇特写文章而到处去搜集资料。美国报纸可以出钱给一流作家或记者去旅行采访并写出特别报道，这是因为付给作者的钱足够支付他们旅行或住在国外的开支。比如一位派驻北平的美国记者想写一篇关于汇丰银行的文章就会出差到上海，住在皇宫酒店，搜集资料后乘头等包厢返回北平。而对于中国的杂志来说，这种事是不值得做的，因此出现了没有作者能写特写文章的局面。我认为这是当今中国期刊最大的缺陷①。杂志支付的报酬使作者不值得为写一篇关于检察院过去五年工作的文章到南京花三个星期搜集资料。我主办的杂志曾不断公开征求这类特写文章，但总是得不到。除了钱的因素，另一个简单的原因就是，中国的作者都是学者，而中国的学者不愿意迈开双脚到活生生的社会里去搜集鲜活的素材。政府部门的官员或官员的秘书写不出令公众感兴趣的文章，而高收入者又根本不想写，结果，为杂志提供稿件的一般都是穷作者，他们住在上海里弄中状况非常糟糕的被称为“联排屋”的阁楼里，只能长篇大论地论述抽象的理论或者从古今书籍中摘录再摘录。这是一种将杂志文章与一个正在变革的社会的真实生活隔离开来的危险趋势。我认为，杂志文章只要不能反映社会的进步和周围的生活就失去了它真正的功能。

---

① 林语堂在1936年9月1日《宇宙风》第24期发表文章“中国杂志的缺点”——《西风》发刊词，论述了中加杂志所存在的问题。——译注

政府各个部门以报告或简报的形式公布许多统计数字，作者只要参考这些简报就可以写出一篇关于进出口贸易的文章。然而，我们需要的不仅仅是官方的报告，还需要有批判精神、愿意到处搜集资料、有智慧且训练有素的记者。没有中国人能够为中国杂志做沃尔特·杜兰蒂（Walter Duranty）为俄罗斯所做的事情，因为中国没有像沃尔特·杜兰蒂那样非常有职业精神、训练有素的一流新闻记者。

中国新闻与西方新闻的不同还在于新闻道德方面。在我看来，中国的新闻道德水平非常低，中国的编辑有自己的难处。“面子”因素在中国的各行各业都十分重要，新闻界也不例外。中国各类作者对待编辑的改稿或拒稿不如美国作者那样宽容。当一篇稿子因为其风格或内容不合适而被拒时，有一定地位的作者往往会认为这是对他个人的侮辱，以致发生过许多这样的事情，当某一作者的稿子被拒，该作者就到其他杂志发表文章，诋毁退稿的杂志。遭诋毁的杂志会进行反驳，有时是礼貌的，但很多时候是不太有礼的。这就是中国古语所说的“文人相轻”。这种情况因为目前中国的作家主要分属国民党和共产党两大阵营而变得更加糟糕。我常常因为推介幽默和更口语化的写作风格而被指责为“损害国家”，但真正的原因是我既没有加入共产党阵营也没有加入国民党阵营。

然而，这种互相指责的现象既不是作家也不是杂志编辑所特有的。任何一位想导演一出业余剧的导演都知道，让业余演员服从他很难，而因为让一名演员演次要角色而得罪他却很容易。我认为，美国电影和杂志比中国电影和杂志好，除了因为投入的资金不同外，双方对“面子”的态度也不同。我还认为，作家如果有公平竞争的意识就不会互相敌视。任何领域都有妒忌，妇女、糖商、军阀之间的妒忌并不比作家中的少。作家之间相互妒忌之所以要明显得多，唯一的区别就是好妒忌的妇女用指甲打斗，好妒忌的军阀用剑和枪打斗，而好妒忌的作家则是用笔打斗。生气时最好的办法是闭嘴，其次是用手抓或把对方打得鼻青脸肿，再次是用嘴骂，最愚蠢的办法是用文字骂。舌头比拳头造成的伤害大，而笔比舌头造成的伤害更大，因为文字总是会留下伤痕。两位对立的军阀今年冬天用机关枪和野战炮对着打，明年春天就可能手拉着手坐在同一辆车上；两个女人可能手撕口咬地厮打过，没有人会特别注意，她们自己也很快会忘掉；但是，当两位作家一气之下，将怨气用白纸黑字写下来之后，就很难忘却了。

另一大差别是由于中国的特殊情况，讨论缺乏真诚。审查在任何国家都是一种愚蠢的东西。除了一些作家为了谋生自己选择做审查官，作家整体上是憎恨审查官的。如果审查是为了通过或拒绝一篇文章，还不是那么糟糕，但审查官有时候随意增减内容，这就像艺术馆的审查官拿起画笔和调色板在裸体人物上画上几片无花果叶或在天空中加上一个月亮一样的荒谬。要是审查官是柯罗或者塞尚也可以，但如果艺术馆的审查官是大学艺术专业二年级的学生，杂志的审查官是一个中学毕业找不到工作流浪了几年的人，如何是好？我在先后担任三份中国杂志编辑的过程中，与一些审查官打交道的经历非常有趣。有一次，一位作者写了一篇关于中国春节的文章，春节相当于英国的圣诞节，大人小孩都过。文中提到托尔斯泰所宣扬的爱的影响，审查官把“托尔斯泰所宣扬的”这几个字删掉了。很长时间我都想不通这是为什么，直到有一天早上，我躺在床上吸烟，脑子突然开窍，因为托尔斯泰是俄国人，所以审查官就认为他是布尔什维克。我真是哭笑不得。如果说马克思主义的书籍在福州路的书店禁止出售，因为书名中含有卡尔·马克思几个字尚可以理解的话，下面这个例子就显得十分荒谬了：一本中国古典文法书曾经在浙江遭禁，因为作者是某一位马先生，书名又是《马氏文通》，而马克思在中文里也姓马。

但是，审查的罪恶比实际上的增或删还要隐蔽。原因有二：第一，中国的审查是偶发的、不一致的，没有日本的审查那么系统和有效。在上海被禁止的内容可能在北京可以获得通过，反之亦然。审查官心中无数，毫无准则可依。这就引发了第二种情况，即编辑们也没有准则可依。他们不知道什么可以获得官方的批准，什么不可以获得批准。因此，审查的间接影响大于它的直接影响，作者和编辑常常不敢批评政府。

在这样的情况下，坦率和自由地讨论政治问题是不可能的。对法西斯主义的态度就是一个很好的例子。我相信在中国有人拥护法西斯主义，也有人反对法西斯主义；有人拥护中日合作和中国皇帝，也有人持反对意见，但是从来没有坦率和公开的争论。杂志应该成为公众交换意见的媒介，但拥护法西斯主义的人不会公开站出来发表他们的观点，反对法西斯主义的人也不敢起来反击，这当然不是一种健康的状况。公开批评被迫转入地下，变成茶馆里的八卦。由于报纸和期刊没有任何东西可以作为判断的依据，人们往往轻信于谣言的传播者。

除了目前的这种状况外，中国的期刊还对中国社会和知识分子觉醒产生了十分深刻的影响，这种影响已经深入到社会的各个角落和各行各业。中国觉醒的历史与几份刊物和几个著名作家记者的历史紧密联系在一起。中华民国的创立就与在东京和其他海外城市出版发行的期刊之间的文字战有关，特别是梁启超主编的保皇报纸《新民丛报》与属于孙中山先生领导的共和派的《复报》和《民报》之间的文字战。从辛亥革命到1926年，著名作家一直在运用写作的力量通过报刊影响公众的思想。如第十章所说，1911—1915年期间，占据中国思想阵地的中国记者或作家有：记者“王子”梁启超及其喉舌《庸言》（1912年创刊）和《大中华》（1915年创刊），康有为及其喉舌《不忍》（1913年创刊），孙中山及其喉舌《国民》（1913年创刊），章行严及其喉舌《甲寅》（1914年创刊），还有从文艺复兴时期到 1926 年国民革命期间的胡适、鲁迅、郭沫若和其他许多人。所有这些人通过他们的文章对中国当代思想的走向作出了贡献。

当前的文艺阵地只有几种突出的声音。文学成了政治的仆人，文学流派以共产党和国民党的政治立场来划分。目前，在中国面临政治危险的情况下这是不可避免的，但这将会带来政治不和的种种特征，并使文学失去它的神圣和宽阔的视野。卷入政治的文学必然屈从于政党的纪律和政党的政治：个人不再是个人，而是政党和小集团宣传的忠实奴仆，让他怎么想就怎么想，让他怎么说就怎么说。这种人没有个性，意见尖刻，不能包容，不能听取直率的意见，他们的廉价和自欺的爱国主义就是想阻止其他人拯救中国。今天的作家对空话、废话比对自我认识、自我了解以及美好的东西更感兴趣。读现在杂志的文章使人感到好像在听一艘沉船上的人绝望地喊叫，而喜欢幽默、不属于任何阵营的我常常感到好像在黑暗中吹口哨。

第十三章 新闻审查制度

世界范围内的新闻审查总是处于一种尴尬的境地。无论在任何时代和任何国家，很少有新闻审查官能够成功地避免自身时而被咒骂时而遭嘲笑的厄运。因此，假如中国的新闻审查出现了尴尬或荒诞的错误，你最好是把这些错误解释为一种宽泛的幽默感，把它们当作属于职业方面而不是个体的错误。我曾经与期刊审查局的一名头目交谈过，发现他其实是一个非常可爱的人。原因是非常明显的，一个人成为他人作品的审查者的事实在于他错误地从事了这个行当。他处于这样一种尴尬的境地，要么篡改他不理解的篇章，就像广州大街上的警察手拿一把剪刀见到不符合要求的裙子就剪一样；要么对于自己无法理解的报刊不做任何删改，这样就等于丢掉了饭碗。你可以想象一个中学毕业生，他拿到每月的薪金，将一位作者的小说或散文中他认为不适宜的地方进行删改的情形。对于小说，假定他理解小说作者对于细节和人物描写的意图，而在散文中，假设他正在与世界上所有的观点进行沟通，包括作者所提及的、书中所探讨的、文章中所界定的思想流派等——而实际上，期望一个非常年轻的雇员具备这样的素质根本是不现实的，而这笔薪金也只有尚未得到社会认可和没有正式工作的年轻人才可以接受。而这些对其他人的思想和观点进行监管的官员又是什么样的人呢？

在中国古代，文字审查的历史并不明确。我们没有必要把文字审查追溯到公元前 2 世纪秦始皇徒劳地焚烧禁书的时代。清朝也出现了很多关于文字狱、焚烧书籍和对作者实施迫害的著名案例[①]。乾隆皇帝在编纂《四库全书》这部著作的同时，在全国范围内搜捕反对清政府的文学作品达七年之久，而他的大臣们列出了一个包括2 000 本书在内的禁书单，这些书要么全部被毁掉，要么部分被毁坏。[②]

我们不能忽略中国当代对书籍、杂志和报纸的新闻审查，因为它独立地证明了舆论形成过程中的障碍，也独立地证明了它今天成为这种状况的原因，而且它解释了文化圈内愤世嫉俗的精神实质。新闻审查制度的实施表明，政府认为它有能力担负起国家管理的职责而无须新闻界或人民的“干预”。当该政府在军事上或者在对外战争中节节获胜的时候，人们并不介意保持沉默；但是，从另一个方面来讲，在历史上的某个时期，当政府每天都在沦丧属于全体国民的领土而不允许人民发表言论时，即新闻界受到压制保持缄默的时候，自然的结果是，人民被一种所谓的玩世不恭和消沉的情感所笼罩。假如新闻审查延续实施的话，在国难当头的危急时刻，统治者总是要求人民保持“沉默”，这符合东方国家的传统。但是，当这种美丽的“沉默”持续太久，他们不能做任何事或说任何话来帮助国家度过难关的话时，这种沉默无异于玩世不恭的冷漠。

下面，我们专门研究一些客观的事实，而不作过多的评论。我们都很熟悉这些有关新闻审查的争论。曾经压制报刊、囚禁编辑或者逮捕学生的那些人，对这些事实实际上也是十分反对的，而且我认为，他们必然会否定这些事实。中国新闻史上总是出现咒骂式的评论家，他们试图惹麻烦，引发反日学生的示威游行，他们在腐蚀青年人的心灵。在国难当头的危急时刻，我们必须具有“文化统一”、“思想统一”等方面的审查或监管。因此，新闻审查制度是可

① 参见北平国家博物馆最近出版的《清代文字狱档》。

② 参见《清代禁书总目》，杭州抱经堂书局。

以明辨的观念。下面我们就列举一些事实。

共和时期中国新闻的衰落肇始于袁世凯的统治。我们已经在第十章中提到，在1914年到1915年，当袁世凯开始密谋推翻共和制的时候，他颁布了出版法，授予自己逮捕编辑和关闭报社的权利。结果，中国的500多家报纸倒闭，只有几十家报纸保留下来。留下来的报纸当然都是被收买的，它们与袁世凯集团狼狈为奸，成为一丘之貉，并不时地找机会对所谓的“皇上”进行赞美。在中国历史上，当出现玩弄朝纲的宰相时，我们总能看到类似的事情，比如在宋朝和明朝。

袁世凯死后，中国新闻界的命运发生了很大的改变。整体而言，从1915年到1925年，中国新闻界出现了很大程度上的自由。然而，期间也出现了新闻界遭到无情迫害的短暂时期，尤其是1926年奉系军阀进驻北京后反共产主义分子张宗昌统治时期。当时，在旧都为国民党做宣传都会被贴上“共产主义者”和“红色”的标签。在对共产主义者进行残酷迫害的环境下，张宗昌这位中国历史上最后一个富有传奇色彩的军阀，以这种革命报纸接受了来自苏维埃的“卢布”支持为由，在没有通告和审判的情况下枪杀了两名著名报人。这两名编辑分别是《京报》的编辑邵飘萍和《社会日报》的编辑林白水，他们都是午夜时分被逮捕，凌晨1点钟左右就被枪杀了。

然而，在这种中世纪遗风流行的时代，张宗昌有时也玩弄公平游戏并听命于公正。《社会日报》的另一名编辑成舍我被逮捕，即将被处死，而执行死刑的指令必须由张宗昌本人来签署。碰巧的是，张宗昌新纳了一个妾，没有人敢在早茶时间打扰他，这就给了被捕的成舍我一个关键的喘息机会，成舍我的家人便向一个离职的老军官——前国务总理孙宝琦求情。张宗昌与前来求情的孙宝琦打赌，如果在检查成舍我的银行账户时，证明成舍我没有从俄国或者其他来源接受非法的数万美金，那么，他将向成舍我道歉并予以释放。结果成舍我的银行账户证明他是一个贫穷的记者，因而他获得了自由。这就是所谓的公正，中世纪遗风中所谓的“公正”。

对比之下，我们再次列举成舍我在1934年的案例。成舍我当时是《民生报》的编辑，这是1927年南京创办的第一份报纸。在1934年5月24日，该报报道了关于汪精卫集团的一名官员的新闻。这名官员负责新办公大楼亭苑的建筑，他同时利用同一家合同商为自己建造私人住宅，而办公大楼的造价预算就从原来的6万美元蹿升到13万美元。汪精卫对此十分恼火，这名官员只得提出辞职。由于刊登了这则声明启事，《民生报》从5月25日起被迫关闭三天，理由是它必须对这次“恶意宣传”负责。第四天《民生报》复刊，为了挽回影响和损失，它在后续报道中增加了有关这次丑闻的细节。于是，这名官员把成舍我告上法庭，但由于事实证据不足，法官撤销了起诉。这样，麻烦就开始了。7月27日，《民生报》刊登了由一家新闻通讯社发布并由新闻审查官批准的一项声明，这是一项关于对南京“统一政府”汪精卫集团一名官员的弹劾的声明。蒋介石在南昌官邸发电报对这项声明作出反应，指示南京宪兵队司令封闭《民生报》，逮捕成舍我并调查新闻来源。后来，事实证明这则新闻的来源正像报道中所陈述的那样，但是宪兵队司令被这样一个有权势的集团所指挥，他只能执行来自南昌的命令，将成舍我逮捕入狱。《民生报》之外的几家报纸同时刊登了同样的新闻，而且这条新闻是经由（除了军事委员会和国民党中央委员会之外的）执行官组成的新闻审查机构批准的，这些因素当然使得事情的发展朝着不利于汪精卫集团的方向发展。在成舍我被囚禁40天后，唐有壬作为汪精卫集团的代理律师，就释放成舍我的有关事宜进行协商，并提出如下条件：（1）《民生报》永远关闭；（2）被释放的当事人从此永远不得以个人名义或者笔名从事出版或写作事业，不能对当局政府作任何评论，永远不得在南京出版和发行日报、杂志、宣传册和任何形式的文学作品；（3）当事人无论何时离开南京去任何地方，都应该向地方当局汇报。成舍我非常明智地接受了这些条件而不是选择在狱中潦倒终生。汪精卫在反对蒋介石的日子里曾经高呼“弘扬人民权利”，但这种做法却使得人们对民主权利的呐喊产生玩世不恭的态度，而成舍我的做法在今天自然是值得同情和理解的。现在，成舍我正在上海租界，主办日报《立报》。

我详细叙述这个案例，不仅是把它作为与张宗昌公然地玩弄所谓公平游戏的象征性的对比，而且要显示新闻审查是如何发挥作用的。假如新闻审查机构决定了一家报纸应该倒闭的话，它就必须得倒闭，而不管它是否站在正义的一边。

但是，《民生报》的案例也证明了另外一点，即新闻审查制度经常充当使政府自食其果的倒霉角色。新闻审查往往使政府承担对经过批准而公开发表的新闻的责任，这就减少了编辑的责任，至少从法律角度来讲是这样的。我说“至少从法律角度”如此，是因为责任论在成舍我的案例中并没有起作用，在杜重远案例中也没有起作用，而它是近年来涉及新闻界的臭名昭著的不公正案例。杜重远案例足以表明，期刊审查官经常使得政府当局为自己的言行自食其果，但它还不能够表明，发表由新闻审查委员会通过的文章的作者就可以保证不会受到惩处。早在1935年夏天，一篇题为“闲话皇帝”的文章刊登在《新生》周刊第2卷第15期上。在这篇文章中，伪满洲国的亨利·溥仪[1]被认为是“傀儡的傀儡”，也就是说他是日本天皇的傀儡。大约两个月之后，在7月份，上海的日本当局就对这篇文章提出了异议，给上海地方政府施加压力，要求制裁杜重远。因为当时文章的作者已经逃离上海，杜重远作为出版商要对此事负责。然而，后来的事实证明，所说的文章是已经通过了上海报刊审查局

① 即爱新觉罗·溥仪。——译注

审批的。虽然从逻辑上来讲，这件事能以个人的疏忽或玩忽职守而解雇某个特定的审查官来得到正常的解决，然而这对当局来说还是有些尴尬，因为它可能被日方当作国民党当局对日本帝国缺乏“友好”的证据。一个过于胆怯的调查团开始磋商杜重远案，要求杜重远归还审查官为此文章颁发的审查证并把所有的责任都推到杜重远身上。杜重远比普通的出版商更有勇气，他拒绝了这样的无理要求。在整个案件的诉讼过程中，上海高等法院第二法庭指派了一个复仇式的法官审判该案，他判处杜重远监禁 14 个月，并剥夺其上诉权。最终的判决是史无前例的，在中国有史以来的法律中没有任何依据支持这样的裁定，以致上海律师协会极为愤慨并为此发表了一则声明。通过磋商，法庭决定修改其审判结果，但是杜重远还是选择了服刑，因为综合考虑只有这样对自己来说才是最安全的。通过服刑，他的政敌多少得到了一些安抚，而他也为日后的行动消除了更多的困难和障碍。同时，在几家刊物上公开发表的言论也都毫无例外地倒向杜重远，而不是倾向于法庭。来自上海报刊审查局的禁令随后就对舆论进行反击，我们从中可以看到，这是一个不明智的机构，它试图使政府对其批准的文章而引发的舆论负责。

这里，我们简单回顾一下过去四五年的客观事实。其实在这段时期，新闻的力量几乎不复存在了，而且当时对新闻自由的管制是自 1900 年以来历史上最严厉的，出版物也是最少的，甚至连欧洲法西斯主义国家、共产主义者的出现、统一的需要等都被限制讨论，而这一切都敦促当局统治者继续剥夺公民自由。埃德加·斯诺在一篇题为“中国新闻审查思想”的文章（1935 年 7 月发表于《当代历史》）中，对当时的新闻审查制度进行了全面的剖析。假如文章所陈述的事实中只要有一半是真实的话，就足以证明这样一个观点：当今中国的新闻审查思想和条款比 1900 年之后的任何时期都要严厉和僵化。其中所涉及的主要事实如下：

当时大约有“2 500 名政治犯被关押在南京的主要监狱”。“在1934 年，仅华北地区就有大约 110 种出版物被查封或者报刊被压制的案例。”“仅在北平和天津，从 1934 年 11 月到今年（1935 年）3月，就有 230 多名政治犯被关押，其中包括学生、艺术家、教师和作者；在 1934 年，城市中逮捕的此类犯人总数超过 800 人。”据《北平年鉴》（1934 年）记载，在 1934 年 12 月 29 日，149 本书被列入禁书名单。“当代中文作家的很多著作被查禁，包括‘白话文故事小说之父’鲁迅的 11 本书；著名作家和考古学家郭沫若的 10 本书，他现在被迫流落海外；蒋光慈的 10 本书；当下中国最伟大的小说家茅盾的 9 本书；正在狱中的丁玲的 7 本书；以及巴金、张天翼和很多其他被指控为‘反革命’的著名作家的著作都成为禁书。约翰·多斯·巴索斯、西奥多·德莱塞、斯特林堡、伯特兰·罗素、高尔基、厄普顿·辛克莱，甚至梅特林克（Maeterlinck）[①] 和罗曼·罗兰等很多西方作家的翻译作品也都成为禁书。”公正地讲，这个禁书名单是荒诞的新闻审查制度下最糟糕和最极端的案例。这个禁书名单的可笑之处还包括对作者的一无所知（例如梅特林克），所列禁书都是左翼作家十年前出版的书籍，其整体上不分青红皂白的特点，很显然旨在把所有左翼作家的忠诚都抹杀掉。这个禁书名单曾经导致25 位出版商于 1935 年 2 月 2 日联合发出抗议，要求重新考虑禁书名单，迫于这样的压力，这个名单很快就被修正和淡化了。

除此之外，还有一些明显的事实，在 1931 年 2 月 7 日，5 名共产主义作家被拷打和杀害，这件事标志着反对共产主义作家恐怖运动的开始。而从国民党的观点来判断，这场运动是合情合理的，因

---

① 莫里斯·梅特林克（1862 —1949）生于比利时，曾是一名律师，但其志向是从事文学创作。于是，他放弃了律师事业并移居巴黎，在法国度过大半生。梅特林克早期的作品主要呈现的是宿命、神秘主义，剧中往往缺乏动机，他也经常以死亡为题材。——译注

为他们认为共产主义者在全国的广泛传播实际上把整个年青一代都变成了“赤色”。从此，左翼或者左倾作家开始神秘地从人类生活的世界上消失，而通常情况下人们很难知道一个被捕作家是死是活，或者在压迫和迫害之下能否讨回公道。丁玲是当代最著名的女作家之一，自从1933年5月她被绑架，两年来其案件一直是个谜，有关她的情况和下落一直有着相互矛盾的说法。人们普遍认为，她现在还活着，在南京，但其人身自由部分地受到限制。人们同时也都相信，正是丁玲女士神秘地遭遇绑架导致孙中山领导的中央研究院的秘书长和中国民权保障同盟干事杨杏佛（杨铨）被暗杀。杨杏佛积极组织营救丁玲委员会的工作，有未被证实的传言说他已经搜集到绑架的证据，包括车牌号。但杨杏佛在法租界中央研究院门前被暗杀使得中国人权保障同盟突然解体。

至少从表面上看来，这场统一全国人民思想和铲除共产主义者的运动似乎取得了暂时的成效。在被捕的案例中，自然有很多被诬陷的人，他们在狱中的时间或长或短，在经历了一些所谓的“拷问”之后被释放出狱。从另一个方面来讲，很多真正的共产主义领导人在监狱中则始终保持沉默。这些被捕入狱的人被囚禁在狱中，当局对他们的案件都进行了调查。如果被捕者只是参加了学校的反日集会或上街游行，就会被释放；而共产主义者则都会经历严刑拷打或者不同程度的刑罚，从狱刑到死刑不等。国民党还会派代理人到狱中，劝服他们信仰三民主义。那些愿意悔改的人就得供出自己同志的秘密处所，最后使这些同志被捕，这样他们就将自己的同志出卖了，但表明了他们对国民党当局的忠诚。国民党正是通过这些最后的伎俩成功地诱捕了上海的很多重要共产党领导人，包括1935年2月逮捕的34名作家。在这些被捕者当中，大多数人仍然被关在南京监狱，而电影导演和现代戏剧的积极倡导者田汉可能是表示悔改之后在国民党文化企业里自由任职的一个代表性案例。

新闻审查委员会由国民党不同地区的各类代表和各种国内和军事机构成员组成。处于顶端的是南京国民党中央公共事务局，它的权力可以到达中央政府。南京的新闻审查局由军事委员会（蒋介石领导）、行政院和国民党中央政府的代表组成。在地方政府中，新闻审查部门的构成因时不同，取决于不同时期的政治环境。例如，在北平，当何应钦和黄郛把持北方政权的时候，新闻审查就落在他们的手上；随着事态的急促变化和冀察政务委员会的成立，新闻审查的人事组成发生了很大变化；现在，新闻审查委员会由冀察政务委员会、北平市政府和天津市政府的代表组成，而肖振瀛和宋哲元当局控制着局面。

事情从新闻审查制度的监管条例中可见一斑。北平新闻审查局的新闻审查监管条例第三条规定，审查官实际上具有自由扣压他们认为适合扣压的任何新闻的权力；其他条款中的相关规定如下：

> 关于外交新闻之应扣留或删改者……凡对我国外交有不利影响之消息尚未证实或已证实不确者。(第二款)
>
> 关于地方治安新闻之应扣留或删改者……动摇人心引起暴动足以酿成地方人民生命财产之重大损失者。(第三款)
>
> 关于军事新闻应扣留或删改者……其他不利于我方之军事新闻。(第一款)

对于现存新闻审查环境的揭露，并非说我们需要更完整的新闻审查监管规则，当务之急是需要更加明智的新闻审查官。我们应该牢记，除非新闻审查制度是科学而明智的，否则，它不但是无用的而且还会导致更糟糕的结果，经常违背其终极目标。现在新闻审查制度的最大缺点是缺乏科学性和明智性，过于独断和敏感。对新闻审查现状的研究分析表明了这样的事实，我们必须从新闻审查工作者的视野来理解其工作性质——换言之，要对他们进行培训，使其成为专业人员，至少比非专业新闻审查官更具有容忍度——即他们需要了解世界上其他国家新闻审查的形式和世界新闻界的发展情况，需要了解新闻机构的运作状况。毕竟，这样的要求对我们的国家而言是有益的。在文学遭受压制的情况下，新闻审查官至少应该知晓托尔斯泰和梅特林克在世界文学史上的地位，并对现代学术流派有所了解，正像图书管理员应该知晓图书分类的基本体系一样。

北平的新闻审查官由于惧怕得罪日本人而缺乏常识性的明智态度并且过于敏感，加上日本人的实际影响，他们对“于我们国家不利”条款的理解通常是字面化的。当有关华北自治运动的所有新闻以“对我们不利”为由受到封锁的时候，这就意味着，新闻界对这种运动应该保持绝对的沉默，使公众对相关新闻的了解“有助于国家”，只有这样报纸才能够生存。从另一个角度考虑，一个更加明智的观点就是，当自治运动被称“不利于我们国家”的时候，公众的关注和他们在新闻媒体上的言论反而绝对是有意义的。根据以上提及的要素，过去几年中北平地区被封锁的报纸新闻包括：中国第29路军从察哈尔地区撤军的相关信息；塘沽事件；北洋学府（天津）反日学生和南京当局之间的冲突；在天津举行的有关河北和察哈尔未来政治地位的中日会议的细节；河北和察哈尔地区官员的活动以及他们与日本当局的谈判；有关内蒙古地区独立运动的新闻；关于河北东部地区政治、军事和财政管理状况的新闻等。1936 年 2 月，北平被封锁的新闻如下：察哈尔北部内蒙古地区独立运动的发展；李守信和田中隆吉（Jokojak）对绥远东部地区的入侵；塘沽事件以及随后的谈判；昌平事件以及之后的形势；天津学生联合会、文化工作者救国会和华北各界救国会的宣言和活动；宋哲元到山东与韩复榘将军会晤的事件；冀东银行和财政部的成立；冀东军的组建；伪教育部的成立；有关察哈尔北部地区的谈判；有关淞沪战争纪念活动的新闻等。很清楚，日本对中国新闻审查部门产生了很大的影响，虽然日本人并没有介入中国的新闻审查系统，但他们的影响却是直接的，并通过中国军人来实施。

日本人控制中国的新闻审查，这对中国新闻界来说是极其有害的事情。过去的史实已经证明，日方所说的恶事对中国来说都是有益的，而日方所说的善事对中国来说都是有害的。日本人反对国民政府新的财政制度就是一例。我个人根据这样的准则来判断中国的事情和政府的政策，是无法理解其中有些事情和政策的（比如银根政策），但我发现它总是完好地运作着。当日本人说中国财政政策糟糕透顶的时候，那么，这些政策肯定是良好的；当日本人说中国必须降低关税的时候，那么，为了阻止走私的猖獗势头，中国必须提高关税；既然日本人认为，中国人民对自治运动和内蒙古地区的独立运动听之任之而袖手旁观对“我们国家有好处”，那么，我国人民了解和关心这些信息肯定是有益的。我原本确实不相信华北存在走私活动，但是，有一天，当一位日本发言人大胆地说“没有走私”时，我于是就确信了中国走私活动存在的事实。然而，由于北平新闻审查似乎是在日本军人的影响下进行的，我认为，新闻审查规则中“于我们国家不利”条款的真正含义是相反的，中国新闻界应该通过免于追究责任来作出直接反应，因为日本人对华北的控制已经渗透到腹地。

上述有关华北地区新闻封锁的回顾提醒我们，没有任何民族是可以征服的，除非它的新闻舆论首先被封锁和压制。

中国新闻审查的混乱还表现在缺乏协调性、系统性和一贯性。在一个城市被禁的新闻可能在另外一个城市获得通过。新闻的剪辑经常依赖于个别审察官一时的兴致和异想天开的怪念。曾经发生过这样的事情，政府总理的陈述报告被上海的中学毕业生审查。另外一个案例是，一位高官到达某个城市的消息竟然也被封锁，这位官员在车站受到乐队的公开欢迎之后，面对摄影记者，由警卫队护送着穿过大街，来到当地最高级的官邸下榻。值得同情的是，在 1934 年 12 月，20 多家新闻机构和主流报纸向国民党当局递交请愿书，要求对当前的新闻审查制度进行改革，其内容如下：

(1) 新闻审察官必须遵循政党颁布的新闻监管规则；(2) 除非违反了法律，否则任何报社或报人不得无辜受到惩处；(3) 现在遭到封锁的报刊，如果它们没有攻击政府，就应该允许它们复刊；(4) 应该按法律程序审判现在被关押的报人，并努力营救他们出狱。

中国国民总体上淡薄政治的状态很大程度上归咎于这样的事实：在涉及主权、领土和国家生死存亡的问题上，政府不允许他们说话。如果有好的新闻审查制度，有更自由的标准，比如只限于查禁攻击政府的反叛言论，国家领导人就可能会认识到目前的政治局势是他们本身失职造成的，从而承担起部分责任。有人说，今天的中国人民和 30 年前的中国人民一样，对自己国家的利益“漠不关心”，我不能说这是谎言，因为没有人看到人民在报刊上发表言论或示威游行来反对他们的国土被日益侵占。

我们面对的最为尴尬的事情是道德自律的缺失，而这个缺失比官方新闻审查制度的出现更加可怕。描述人民的灾难和饥馑以及地主剥削的镜头被作为“反革命的”或者“共产主义”的新闻而封禁，而政府雇用的宣传者和新闻审察官认为，揭露官场腐败和政府对人民横征暴敛的作者是对政府不友好的。我确实希望对新闻审查进行再审查。我们这里列举的案例涉及一位受过教育的讲英语的西方作家，他在反对蒋介石的时候对官场腐败及政府的横征暴敛进行无情的批判，称国民党中央政府是“蒋介石的私人秘书局”，并且谴责“南京政府的腐败和裙带关系如此严重，以至于南京的政治寡头已经开始沦为所有了解事实的人们所嘲讽的笑柄”。但是，当他被一家政府出版机构雇用为编辑时，他就忘记了所有的“腐败和裙带关系”，并立即转向维护政府利益，称赞国民党政府是中国历史上最进步和最开明的政府。这种新闻道德的出卖是审查制度本身造成的，正是很多御用宣传家身上出现的这种道德“犯罪”，使得人们更多地考虑蒋介石集团的利益，而越来越远离反对蒋介石的集体。他们通过空话连篇而并非以理服人的新闻审查制度来降低人们对新闻事业的尊重，并使人们以玩世不恭的态度来看待整个善于辩论、爱国和无畏的革命作家阶层。

但是，也正是出于这样的原因，我决定撰写中国新闻舆论史，并把长期的观察写进中国过去的舆论史中，其中包括英雄式的气节和卑鄙的背叛，希望以此促使读者以历史主义的观点来认识现在新闻审查的形势并理解其合理或荒谬的条款。新闻界总是不时地向“铁腕”政府出卖自己，但是，假如在拔河比赛中一端是奴颜婢膝的御用作者和宦官及其党羽，那么另一端必定是人民无畏的声音。今天，我们早已跨越了任由当代政治集团随心所欲施政的时期，我们必须为实现新闻自由和个人公民权的宪法保护而斗争。所有这些朴素道理背后的民主形式意味着，普通人能够并将明智地看待人类社会的生活。尽管在欧洲等西方国家出现了暂时低落的民主氛围，但我们相信，人类必将以个人的文明发展为基点而最终走向进步，而不会像没有思维的顺从牧群一样进化。这正是欧洲对整个人类的杰出贡献之一。

附录　林语堂年表[①]

1895 年

10 月 10 日出生于福建省龙溪县坂仔村，谱名和乐，学名玉堂，字语堂。有兄弟六人，姐姐两人，林语堂本人排行第五。

1900 年

入本村铭新小学读书启蒙，习四书五经。

1904 年

入厦门鼓浪屿教会小学读书，阅读《福尔摩斯》、《天方夜谭》、《茶花女》等林译小说，初步与西方文化接触。

1911 年

入上海圣约翰大学就读，自此几乎中断中文学习，全力以赴学习英文。阅读了张伯伦的《十九世纪的基础》、赫克尔的《宇宙之谜》、华尔德的《社会学》、斯宾塞的《伦理学》、韦司特墨的《婚姻论》等著作，打下了坚实的英文基础。

1913 年

以凤阳花鼓为素材，创作了第一部英文短篇爱情小说，获学校金牌奖。

1916 年

大学毕业，获文学学士学位，应北京清华学校之邀前往任教。工作之余，花费大量精力充实国学基础知识，博览了《人间词话》、

---

① 本年表引自子通主编：《林语堂评说 70 年》，北京：中国华侨出版社，2003 年，略有改动。——译注

《四库集录》、《说文玉篇》、《广韵》、《韵府群玉》、《佩文韵府》、《骈字类编》等国学书籍，攻读《红楼梦》用力尤多。

1918 年

开始关心文学革命，并着手从事语言学研究工作。

是年，其主要著述有：

《论汉字索引制及西洋文学》（《新青年》第 4 卷第 4 号）

《汉字索引制说明》（《新青年》第 4 卷第 2 号）

《分类成语辞书编纂法》（《清华季刊》）

1919 年

6 月，申请得到每月 40 美元之半官方留学费用，拟往美国留学。

7 月 9 日，与廖翠凤女士结婚。

8 月，携妻乘“哥伦比亚号”轮船由上海赴美。

9 月，入哈佛大学比较文学所深造。

1920 年

因留学费用被无故取消，无力在哈佛继续求学。应基督教青年会之请，前往法国乐魁索城的中国劳工青年会服务，教华工读书识字。

1921 年

2 月，由法国转德国，入耶拿大学就读一学期。

9 月，转入莱比锡大学深造。

同年，获哈佛大学硕士学位。

1922 年

继续攻读博士学位。除学习西方语言学理论外，另钻研国学书籍《汉学师承记》、《皇清经解》、《皇清经解续编》等，打下了语言学和音韵学的坚实基础。撰写《古代中国语音学》博士论文，获音韵学博士学位。

1923 年

9 月到北京大学执教，任英文系英文及语言学教授。曾开设《基本英文》、《作文》和《英语教授法》等课程。课余致力于语言学等方面的研究。

是年，其主要著述有：

《读汪荣宝〈歌戈鱼虞模古读考〉书后》(《国学季刊》第 1 卷第 3 号)

1924 年

执教于北大及北师大。

1 月，被推举为北大方言调查会主席。

9 月，参加《语丝》社。

是年，其主要著述有：

《再论歌戈鱼虞模古读》(《晨报副刊》3 月 16 日)

《北大研究所国学门方言调查会宣言书》(《晨报副刊》3 月 25 日)

《北大方言调查会方言字母草案》(《歌谣周刊》3 月)

《征求关于方言并提倡幽默》(《歌谣周刊》3 月 24 日)

《征译散文并提倡幽默》(《晨报副刊》5 月 23 日)

《幽默杂话》(《晨报副刊》6 月 9 日)

《一个研究文学史的人对于类推怎样想呢?》(《晨报副刊》6 月 16 日)

《吃牛肉茶的泰戈尔何以答萧伯纳?》(《晨报副刊》7 月 15 日)

《问士气与思想界之关系》(《语丝》第 3 期，12 月 1 日)

1925 年

9 月，钱玄同、赵元任成立“七人会”，林语堂系“七人会”成员。除继续研究语言学外，致力于关于改造国民性的思考。

是年，其主要著述有：

《谈理想教育》（《现代评论》第 1 卷第 5 期，1 月 10 日）

《论性急为中国人所恶》（《翦拂集》）

《给玄同先生的信》（《语丝》第 23 期，4 月 20 日）

《话》（《语丝》第 30 期，6 月 8 日）

《丁在君的高论》（写于 6 月 24 日）

《随感录》（《语丝》第 48 期，10 月 12 日）

《谬论的谬论》（《语丝》第 52 期，11 月 9 日）

《〈语丝〉的体裁》（《语丝》第 54 期，11 月 23 日）

《Zarathustra 语录》（《语丝》第 55 期，11 月 30 日）

《苦矣！左拉!》（《翦拂集》）

《〈“公理”的把戏〉后记》（《翦拂集》）

《插论〈语丝〉的文体——稳健、骂人及费厄泼赖》（《语丝》第 57 期，12 月 4 日）

《论骂人之难》（《语丝》第 59 期，12 月 28 日）

《祝土匪》（《翦拂集》）

1926 年

出任北京女子师范大学教务长，支持女师大学生反对杨荫榆的斗争，摈弃“费厄泼赖”思想，成为“打狗运动”的急先锋。遭北洋军阀政府通缉，被迫南下，任厦门大学文科主任及国学院总秘书。

是年，其主要著述有：

《悼刘和珍杨德群女士》（《语丝》第 72 期，3 月 29 日）

《〈英语备考〉之荒谬》（《语丝》第 74 期，4 月 12 日）

《图书索引之新法》（《语丝》第 76 期，4 月 26 日）

《讨狗檄文》（《翦拂集》）

《打狗释疑》（《翦拂集》）

《“发微”与“告密”》（《翦拂集》）

《冢国絮语解题》（《翦拂集》）

1927 年

3 月，因厦大风潮愤而辞职，离厦赴武汉任革命政府外交部秘书。

9 月，赴上海专事写作。

10 月，在中央研究院任外国语编辑主任。

是年，其主要著述有：

《天才乎—人文乎—互捧欤—自捧欤?》(《中央副刊》58 号，5 月 21 日)

《谈北京》(《中央副刊》65 号，5 月 28 日)

《萨天师语录（一)》(《中央副刊》80 号，6 月 13 日)

《前汉方音区域考》(《贡献》)

1928 年

任中央研究院国际出版品交换处处长。

9 月，受聘上海东吴大学法律学院任英文教授。

是年，其主要著述除北新书局出版的《翦拂集》外，尚有：

《哈第论死生与上帝》(《语丝》第 4 卷第 11 期，3 月 12 日)

《萨天师语录（二)》(《语丝》第 4 卷第 11 期，3 月 12 日)

《论静思与空谈》(《语丝》第 4 卷第 13 期，3 月 26 日)

《萨天师语录（三)》(《语丝》第 4 卷第 15 期，4 月 9 日)

《萨天师语录（四)》(《语丝》第 4 卷第 24 期，6 月 11 日)

《开明第一英文读本》(开明书店 8 月初版)

《〈左传〉真伪与上古方音（上)》(《语丝》第 4 卷第 27 期)

《〈左传〉真伪与上古方音（下)》(《语丝》第 4 卷第 28 期)

《萨天师语录（五)》(《语丝》第 4 卷第 33 期)

《给孔祥熙部长的一封公开信》(《语丝》第 4 卷第 38 期，9 月 17 日)

《〈翦拂集〉序》(《语丝》第 4 卷第 41 期，10 月 22 日)

《古音中已遗失之声母》（《语丝》第4卷第42期，10月29日）

《子见南子》（《奔流》第1卷第6号，11月）

1929年

继续在上海东吴大学任英文教授。

是年，其主要著述有：

《开明英文读本》（三册）（开明书店）

《开明英文文法》（上、下册）（开明书店）

《关于〈子见南子〉的话——答赵誉船先生》（《语丝》第5卷第28期，9月23日）

《〈新的文评〉序言》（《语丝》第5卷第30期，10月7日）

《Benedetto Groce的〈美学：表现的科学〉》（《语丝》第5卷第36期，11月10日）

《〈樵歌〉新跋》（《语丝》第5卷第41期，12月23日）

《机器与精神》（12月26日在光华大学中国语文学会讲稿，《大荒集》）

1930—1931年

继续在中央研究院任职。两年间其主要著述有：

《林语堂时事述译汇刊》（上海开明书店）

《英文文学读本》（共两册）（上海开明书店）

《新的文评》（北新书局）

《论现代批评的职务》（1930年1月30日在环球中国学生会讲稿，《大荒集》）

《读书的艺术》（《读书月刊》第1卷第6期，3月）

1932年

9月16日创办并主编《论语》半月刊。

12月29日与宋庆龄、蔡元培和杨杏佛共同发起成立中国民权保障同盟。

是年，其主要著述有：

《悼张宗昌》；《读萧伯纳传偶识》；《弥罗妙文》；《“幽默”与“语妙”之讨论》（《语丝》第1期，9月16日）

《阿芳》；《岁在壬申》；《一国三公》；《述而主义》；《汤尔和识见》；《蒋介石亦论语派中人》；《马克思风》；《中国何以没有民治》；《语堂集句》（《论语》第2期，10月1日）

《拟某名流为李顿报告发表谈话意见》；《读邓肯自传》；《说难行易》；《思甘地》；《奉旨不哭不笑》；《申报新闻报之老大》；《涵养》；《半部韩非治天下》；《如何救国示威》；《给韩慕孙信》（《论语》第3期，10月16日）

《给李宝泉复信》（《论语》第3期，10月16日）

《尊禹论》；《九疑》；《断烂朝报》；《吾家主席》；《汪精卫出国》；《今年大可买猪仔》；《你不好打倒你下文》（《论语》第4期，11月1日）

《哥伦比亚大学及其他》；《文章五味》；《谁揠此苗》；《哀梁作友》；《陈、胡、钱、刘》；《孔子亦论语派中人》；《粘指民族》；《颜任光之幽默》；《刘熙亦幽默》（《论语》第5期，11月16日）

《编辑罪言》；《回也不愚》；《司法得人》；《捐助义勇军》（《论语》第6期，12月1日）

《脸与法制》；《新旧文学》；《赋得迁都》；《会心的微笑》（《论语》第7期，12月16日）

《翻译之难》（《申报·自由谈》，12月18日）

1933年

2月，萧伯纳到上海访问，林语堂热情欢迎并在《论语》设“迎萧专号”。

是年，其主要著述除由开明书店出版的《语言学论丛》外，还有：

《冬至之晨杀人记》（《申报·自由谈》，1月1日）

《新年恭喜》；《又来宪法》；《得体文章》；《文章无法》；《十大宏愿》（《论语》第8期，1月1日）

《祝寿》；《笨拙记者受封》；《个人的梦》；《纸烟考》；《谈牛津》（《论语》第9期，1月16日）

《吃糍粑有感》；《刘铁云之讽刺》；《吸烟与教育》（《论语》第10期，2月1日）

《等因抵抗歌》；《糍粑与糖元宝》；《变卖以后须搬场》、《适用青天》（《论语》第11期，2月16日）

《谈萧伯纳》（《申报·自由谈》，2月17~19日）

《天下第一不通文章》；《萧伯纳与上海扶轮会》；《萧伯纳与美国》；《水乎水乎洋洋盈耳》；《欢迎萧伯纳文考证》；《再谈萧伯纳》（《论语》第12期，3月1日）

《谈言论自由》（3月4日在上海青年民权同盟讲演稿）（《论语》第13期，3月16日）

《国文讲话》（《申报·自由谈》，4月14日）

《萨天师语录》；《编辑滋味》（《论语》第15期，4月16日）

《论文》（《论语》第15期、28期，4月16日、11月1日）

《春日游杭记》（《论语》第17期，5月16日）

《萧伯纳论读物》（《申报·自由谈》，5月28日）

《白克夫人之伟大》（《论语》第24期，7月1日）

《让娘儿们干一下吧！》（《申报·自由谈》，8月18日）

《论语录体之用》（《论语》第26期，10月1日）

《论政治病》（《论语》第27期，10月16日）

《与陶亢德书》（《论语》第28期，11月1日）

《提倡俗字》（《论语》第29期，11月16日）

《论踢屁股》（《申报·自由谈》，11月26日）

《我怎样买牙刷》（《论语》第30期，12月1日）

《有不为斋解》；《文字国》（《论语》第31期，12月16日）

1934年

4月5日，创办并主编《人间世》半月刊。

是年，其主要著述除分别由生活书店和时代图书公司出版的《大荒集》、《我的话》外，尚有：

《答高植书》；《与哥德派拉书》（《论语》第32期，1月1日）

《辞通序》（《申报·自由谈》，1月9日）

《论幽默》（《论语》第33期、35期，1月16日、2月16日）

《怎样写〈再启〉》（《论语》第34期，2月1日）

《宗教与脏腑》（《论语》第35期，2月16日）

《作文六诀序》（《论语》第36期，3月1日）

《论笑之可恶》（《申报·自由谈》，3月10日）

《论以白眼看苍蝇之辈》（《申报·自由谈》，4月16日）

《论谈话》（《人间世》第2期，4月20日）

《周作人诗读法》（《申报·自由谈》，4月26日）

《方巾气之研究》（《申报·自由谈》，4月28日、4月30日、5月31日）

《说小品文半月刊》（《人间世》第5期，6月5日）

《母猪渡河》；《纪春园琐事》（《人间世》第5期，6月5日）

《中国人之聪明》；《论自我》（《人间世》第6期，6月20日）

《论作文》（《人言周刊》第1卷第18期，6月）

《七日日记》（《人言周刊》第1卷第26期）

《论玩物不能丧志》；《说自我》（《人间世》第7期，7月5日）

《时代与人》（《人间世》第8期，7月20日）

《英人古怪的脾气》（《人间世》第9期，8月5日）

《无字的批评》；《说浪漫》（《人间世》第10期，8月20日）

《大学与小品文笔调》；《罗素离婚》；《“有不为斋”丛书序》（《人间世》第11期，9月5日）

《辜鸿铭论》；《辜鸿铭》（《人间世》第12期，9月20日）

《说大足》；《怎样洗练白话入文》（《人间世》第13期，10月5日）

《关于本刊》（《人间世》第14期，10月20日）

《论小品文笔调》（《泰东日报》，10月28日）

1935年

9月16日，创办并主编《宇宙风》。

是年，其主要著述除由美国约翰·黛公司出版的《合国合民》外，尚有：

《开明英文讲义》（共三册）（林语堂、林幽合编，上海开明书店）

《英文小品甲集》（上海商务印书馆）

《英文小品乙集》（上海商务印书馆）

《〈子见南子〉及英文小品文集》（上海商务印书馆）

《谈劳伦斯》（《人间世》第19期，1月5日）

《说潇洒》（写于1935年元旦；《文饭小品》创刊号，2月）

《纪元旦》（《论语》第58期，2月1日）

《小品文之遗绪》（《人间世》第23期，3月5日）

《哀莫于心死》（《人间世》第23期，3月5日）

《再谈小品文之遗绪》（《人间世》第24期，3月20日）

《慈善启蒙》（《文饭小品》第3期，4月5日）

《今文八弊》（上、中、下）（《人间世》第27～29期，5月5日、5月20日、6月5日）

《大义觉迷录》（《人间世》第30期，6月20日）

《中国的国民性——散漫性之来源》（5月27日在大厦大学演讲

稿；《人间世》第32期，7月20日）

《说本色之美》（《文饭小品》第6期，8月31日）

《孤崖一枝花》；《无花蔷薇》；《且说本刊》（《宇宙风》第1期，9月16日）

《烟屑》（《宇宙风》第1～3、6～7期连载）

《不怕笔记》；《论裸体运动》（《宇宙风》第2期，10月1日）

《所望于申报》；《不知所云》；《谈螺丝钉》（《宇宙风》第3期，10月16日）

《写中西文之别》；《四谈螺丝钉》（《宇宙风》第6期，12月1日）

1936年

8月，全家由上海赴美。

9月，在纽约中央公园西侧租屋而居。

10月5日，应美国书籍出版者协会之邀，在第一届全美书展演作会上发表讲演。

10月19日，撰《悼鲁迅》文。

12月19日，应邀参加哥伦比亚大学举行的有关西安事变的讨论会，并发表讲演。

是年，其主要著述有：

《〈子见南子〉及其他》（商务印书馆）

《中国新闻舆论史》（芝加哥大学出版社）

《关于北平学生一二·九运动》（《宇宙风》第8期，1月1日）

《外人之旁观者》；《告学生书》；《论躺在床上》（《宇宙风》第9期，1月16日）

《考试分数之不可靠》；《论看影流泪》（《宇宙风》第10期，2月1日）

《艺术的帝国主义》；《记性灵》（《宇宙风》第11期，2月16

日）

《茵治论考试》；《冀园被偷记》（《宇宙风》第12期，3月1日）

《节育问题常识》；《叩头与卫生》；《两部英文字典》（《宇宙风》第13期，3月16日）

《吃草与吃肉》（《宇宙风》第14期，4月1日）

《游山日记读法》（《宇宙风》第15期，4月16日）

《跋众愚节字林西报社评》（《宇宙风》第16期，5月1日）

《古书有毒辩》（《宇宙风》第18期，6月1日）

《“猫与文学”小引》（《宇宙风》第22期，8月1日）

《中国杂志的缺点》（《西风》发刊词）（《宇宙风》第24期，9月1日）

《临别赠言》（《宇宙风》第25期，9月16日）

《我的话》（上海时代图书公司）

1937年

致力于弘扬中华民族文化和宣传抗日。

是年，其主要著述除由美国约翰·黛公司出版的《生活的艺术》外，尚有：

《抵美印象——致国内友人》；《中日之国民性——近情与不情之差别》（《西风》第10期，6月1日）

《课儿小记〈海外通信之一〉》（《宇宙风》第31期，12月16日）

《日本征服不了中国》（《时代周刊》，8月29日）

《中日战争之我见》（为《吾国吾民》第13期增写的一章）

1938年

2月，携妻女到欧洲旅游。

8月，在巴黎动笔写作《京华烟云》。

是年，其主要著述除由蓝登书屋出版的《孔子的智慧》外，还有：

《美国与中日战争》（《宇宙风》第70期，7月1日）

《日本必败论》（《宇宙风》第73期，8月16日）

1939年

因欧战爆发，全家提前回到纽约。

是年，美国约翰·黛公司出版其长篇小说《京华烟云》。

5月9日，应邀参加国际笔会第17届大会，发表以《希特勒与魏忠贤》为题的演讲。

9月4日，致信郁达夫，委托其翻译《京华烟云》。

1940年

5月，全家回到重庆。

8月，返回美国。临行前将其在北碚四室一厅的住房及家具一并捐赠给中华全国文艺界抗敌协会。

是年，其主要著述有：

《讽颂集》（美国约翰·黛公司）

《冥廖子游》[（明）屠隆著，林语堂英译，上海西风社出版]

1941—1942年

在纽约专事写作。

两年间其主要著述除由美国约翰·黛公司出版的《风声鹤唳》外，尚有：

《辜鸿铭——最后一个儒家》（《西风副刊》第32期，4月）

《欧美印象》（林语堂等著，上海西风社1941年11月版）

《中国印度之智慧》（美国蓝登书屋，1942年）

《中国何以必胜》（《泰晤士周刊》，1942年2月15日）

《美国与中国的抗建》（《宇宙风》散文版月刊第115期，6月1日）

1943 年

秋季，全家再次回到重庆。

是年，其主要著述除由美国约翰·黛公司出版的《啼笑皆非》外，尚有：

《科学与人生观》（《中央周刊》第 6 卷第 18 期）

《论中西文化与心理建设——10 月 24 日在中央大学演讲稿》（《半月文萃》第 2 卷第 5 期转载）

1944 年

举家迁回美国。

是年，其主要著述除由美国约翰·黛公司出版的《枕戈待旦》外，尚有：

《论月亮与臭虫》（《宇宙风》乙刊第 135 期、136 期合刊）

《啼笑皆非》;《五十以学易辩》（《宇宙风》乙刊第 138 期合刊）

1945 年

与徐斌合译的《啼笑皆非》由重庆商务印书馆出版。

1947 年

出任联合国教科文组织美术与文学组主任。旋即辞职，从巴黎回到坎城，继续以写作为生。

是年，其主要著述除由美国约翰·黛公司出版的《快乐天才——苏东坡传》外，尚有；

《我的二姐》（原载美国 *The Rotarian*，黄嘉德译，《西风》第 93 期）

《文人画像》（林语堂等著，上海晨光出版公司）

1948 年

携夫人从坎城回到纽约。

其主要著述是由美国蓝登书屋出版的《老子的智慧》及美国蓝登书屋出版的长篇小说《唐人街》。

1950 年

《美国的智慧》（美国约翰 · 黛公司）

1952 年

《英译重编传奇小说》（美国约翰 · 黛公司）

1953 年

《朱门》（美国约翰 · 黛公司）

1954 年

10 月赴新加坡，出任南洋大学校长。

1955 年

4 月因与南洋大学投资方发生矛盾，辞职返美。

1957 年

《武则天》（美国世界出版公司）

1958 年

10 月赴台湾参观。其间曾在台湾大学作题为《〈红楼梦〉的考证》的讲演。

是年，其主要著述是由美国法拉 · 史特劳斯与库德海公司出版的《匿名》。

1959 年

是年，其主要著述是由美国世界出版公司出版的《中国的生活》和《从异教徒到基督教徒》。

1961 年

1 月，应美国国会图书馆邀请，在华盛顿作题为《“五四”以来的中国文学》的讲演。在马星野的促进下，携夫人到中南美六国游历并发表讲演。

是年，其主要著述有：

《辉煌的北京》（美国康诺出版公司）

《不羁》（美国世界出版公司）

《红牡丹》（美国世界出版公司）

1963 年

《赖柏英》（美国世界出版公司）

1965 年

2 月 11 日始在台湾《中央日报》开《无所不谈》专栏发表文章。同时，结束旅美生活，回到香港。

是年，其主要著述是由台北文星书店出版的《无所不谈》一集。

1966 年

1 月，再赴台湾参观。

6 月，定居台湾阳明山。

是年，其主要著述是由台北文星书店出版的《平心论高鹗》。

1967 年

受聘为香港中文大学研究教授，并应中大当局之约着手编撰《当代英汉词典》。

是年，其主要著述是由美国普拉姆公司出版的《中国画论》及由台北文星书店出版的《无所不谈》二集。

1968 年

6 月 18 日至 20 日，赴汉城出席国际大学校长协会第二届大会，并发表以《趋向于全人类的共同遗产》为题的讲演。

1969 年

被推选为国际笔会台湾分会会长。

9 月，赴法国蒙顿出席国际笔会第 36 届大会并发表讲演。

1970 年

负责筹备该年 6 月在台北举行的亚洲作家第三次大会。

7 月底至 8 月初，再次赴汉城出席国际笔会第 37 届大会，并发表以《论东西文化的幽默》为题的讲演。

1971 年

长女林如斯在台北自杀身亡，对林语堂打击甚大。

1972 年

《当代汉英词典》（香港中文大学）

1974 年

《无所不谈合集》（台北开明书店）

《八十自叙》（台北远景出版社）

1975 年

9 月，赴维也纳出席国际笔会第 40 届大会并被推举为副会长。

1976 年

3 月 26 日 22 时 10 分，逝世于香港。

4 月 1 日，安葬于台湾阳明山家园。

译后记

林语堂（1895—1976）是我国现代著名的小说家、散文家和报刊活动家。从1932年起，林语堂先后创办和主编《论语》、《人间世》、《宇宙风》等著名刊物，影响广泛而深远。1936年，他在借鉴戈公振、白瑞华（Roswell S. Britton）、罗文达（Rudolf Löwenthal）等人相关研究成果的基础上，用英文撰写了《中国新闻舆论史》（*A History of the Press and Public Opinion in China*，1936年上海别发洋行出版，1968年台北成文出版社再版）。其独特的学术价值和学术地位在于把新闻史与舆论学结合起来，建立了最早的舆论史学研究的框架结构和理论体系，是我国舆论学研究的开山之作①。

2008年6月，林语堂《中国新闻舆论史》中文版首次由中国人民大学出版社出版和发行后，未能引起学术界和出版界的关注，只是豆瓣网一篇署名杜秋离的书评（2008－07－06）最先对林语堂《中国新闻舆论史》（中文版）进行了客观的评价。时隔半年后，当世纪出版集团和上海人民出版社注册《中国新闻舆论史》"中文版权"，并出版另一译本中文版时，网上突然出现了对《中国新闻舆论史》（中文版）译文和译者的尖锐批评。作为林语堂《中国新闻舆论史》的第一位译者，我一方面为自己翻译过程中出现的个别"硬伤"而汗颜，另一方面为编辑的粗心而惋惜，同时我真正体验到了"翻译工作吃力不讨好"的滋味。不过，细想开来，七十多年前林语

---

① 林语堂：《中国新闻舆论史》，中国人民大学出版社2007年版，序言。

堂用英文撰写的这本《中国新闻舆论史》曾经“对美国的汉学研究发生过影响”，“在20世纪50年代前后还是美国大学中关于中国近代史的指定参考书之一”①。我们有责任将这部经典著作准确和畅达地翻译成中文。而《中国新闻舆论史》首译中文版出版后引发的批评将鼓励译者把“译事”做好。

对林语堂《中国新闻舆论史》（英文版）中的史料引用错误，我们不妨采取历史的和辩证的认识态度。戈公振《中国报学史》（1927年上海商务印书馆出版，后数次再版）、白瑞华《中国报纸（1800—1912）》（*The Chinese Periodical Press, 1800—1912*）（1933年上海别发洋行出版）和林语堂《中国新闻舆论史》（*A History of the Press and Public Opinion in China*，1936年美国芝加哥大学出版社出版，同年上海别发洋行出版，1968年纽约Green Wood出版社再版）三本新闻学著作的出版时期接近，同时代的三位作者相互借鉴观点，对中国近代报刊和新闻事业各自展开论述。在撰写《中国新闻舆论史》的过程中，林语堂充分利用“（戈公振和白瑞华）两位德高望重的先驱的研究成果”②。不过，林语堂更加信奉戈公振及其著作的史学资料，“所用史料大多为戈公振《中国报学史》等前人之作和刊载于当时报刊上的现成材料。戈氏错了的，林著照错不误，还起而为戈氏的错误辩护”③。“他之信任戈公振，已经到了盲从的程度了”④。

在借鉴已经出版的两个《中国新闻舆论史》中译本和参考大量相关文献的基础上，译者重新将《中国新闻舆论史》（1968年版）

---

① 余英时：《试论林语堂的海外著述》，《中国知识分子论》，河南人民出版社1997年版。

② 林语堂：《中国新闻舆论史》，中国人民大学出版社2007年版，第68页。

③ 林语堂：《中国新闻舆论史》，世纪出版集团、上海人民出版社2007年版，序言。

④ ［新加坡］卓南生：《中国近代报业发展史（1815—1874）》，中国社会科学出版社2002年版，第251页。

英文版翻译成中文，纠正了第一版的瑕疵，通过添加注释指出原著存在的史实引用错误，并予以修正。译者这样做，旨在忠诚于原著作者和读者。不足或错误之处难免，恳请读者批评指正。

感谢参与《中国新闻舆论史》第一版文本翻译的两位同事何洪亮、唐佳梅。再版的林语堂《中国新闻舆论史》（1968 年版）第十一章“当代新闻事业”和第十二章“当代期刊”保持着原译本的基本面貌。

《中国新闻舆论史》（1968 年版）作为“新闻学经典译丛”之一再版，是值得庆幸的事情。感谢中国新闻史学会、北京大学新闻与传播学院、暨南大学出版社对丛书的支持。

暨南大学出版社的杜小陆编辑为本书的出版付出了很多。从本书的前期策划，到编辑过程中的种种烦琐细节，再到最后的出版环节，杜编辑都全身心投入。在此，作为丛书的主编和本书的译者，我向他表示由衷的感谢。

广东外语外贸大学
王 海
2011 年 6 月于荷塘月色寓所